GÉOGRAPHIE MILITAIRE

LE LEVANT

ET LE

BASSIN DE LA MÉDITERRANÉE

PARIS. — IMPRIMERIE L. BAUDOIN ET Ce, 2, RUE CHRISTINE.

GÉOGRAPHIE MILITAIRE

V

LE LEVANT

ET LE

BASSIN DE LA MÉDITERRANÉE

PAR

le Lieutenant-Colonel NIOX

2e ÉDITION

ENTIÈREMENT REMANIÉE

PARIS

LIBRAIRIE MILITAIRE DE L. BAUDOIN ET Ce

IMPRIMEURS-ÉDITEURS

30, Rue et Passage Dauphine, 30

1887

Reproduction et traduction réservées.

En publiant les pages suivantes, notre but n'a pas été de présenter un tableau complet de la géographie physique et sociale des vastes territoires qui, en Asie et en Afrique, sont soumis à l'autorité directe des Sultans de Constantinople ou qui reconnaissent leur suzeraineté religieuse ; mais si, sur ces questions, les documents de détail sont nombreux, il n'en a point été fait de synthèse. Il a donc paru utile de les résumer dans un exposé d'ensemble.

Nous avons tenu compte, dans cette deuxième édition, des changements importants survenus en Égypte, et nous avons réuni dans un chapitre spécial les données qui intéressent la stratégie maritime de la Méditerranée.

Consulter les cartes : *Caucase et Pamir, Péninsule des Balkans, Bassin de la Méditerranée, Algérie et Tunisie*, qui paraîtront prochainement.

Décembre 1886.

Ce volume, dont la première édition formait la IIe partie du tome V de la *Géographie militaire*, ayant pris plus d'importance, formera seul le tome V des éditions ultérieures.

La Ire partie de ce tome V sera alors réunie au tome IV.

LE LEVANT

BASSIN DE LA MÉDITERRANÉE

POSSESSIONS D'ASIE DE L'EMPIRE OTTOMAN[1]

Si l'on se bornait à étudier les domaines européens de l'Empire ottoman, on aurait une idée fort incomplète de ce qui reste de puissance aux Kalifes.

Leur suzeraineté religieuse s'étend sur le monde musulman tout entier et les missionnaires de l'Islam, obéissant à leur voix, peuvent, à un moment donné, soulever les croyants aux extrémités les plus éloignées de l'Asie et jusqu'au centre de l'Afrique, dans des régions où ne pénètre aucun Européen.

Toutes les côtes méridionales de la Méditerranée révèrent le croissant; le bassin oriental, à l'exception de la péninsule hellénique, qui s'est émancipée, et de l'Égypte dont la situation est fort mal définie, relève directement du sultan de Constantinople. Les Ottomans peuvent donc jouer un rôle considérable encore et singulièrement contrarier, soit par des intrigues

[1] Consulter les cartes *Caucase* et *Pamir*, et *Péninsule des Balkans* (Atlas Niox).

politiques, soit même par une action armée, les projets des puissances de l'Occident, seconder les prétentions des unes et tenir les autres en échec.

En Asie, depuis le golfe Persique jusqu'au golfe oriental de la mer Noire, l'Empire ottoman confine à la Perse et à l'Empire russe. La Perse de nos jours est si déchue qu'elle ne peut lui inspirer aucune inquiétude ; mais, depuis le commencement du siècle, la Russie, son ennemie héréditaire, n'a cessé de gagner du terrain au delà du Caucase. Elle s'affermit peu à peu dans ses nouvelles conquêtes et il n'est pas téméraire de préjuger qu'elle n'a pas encore obtenu les frontières que son ambition s'est assignées. L'Asie-Mineure ouvre une route sur Constantinople et sur la Méditerranée, plus longue mais plus facile peut-être que celle d'Europe, et que sont les distances pour les Russes ?

Les provinces asiatiques de l'Empire ottoman correspondent à plusieurs régions naturelles que l'on peut caractériser par certains noms de la géographie ancienne : L'*Arménie*, l'*Asie-Mineure* qui, dans sa partie occidentale, s'appelle aussi l'Anatolie et que les occidentaux appellent le Levant, la *Mésopotamie* ou vallées du Tigre et de l'Euphrate, la *Syrie* et la *Palestine*, la presqu'île du *Sinaï* et l'*Arabie*.

Au point de vue de l'administration ces régions se divisent de la manière suivante :

L'Arménie et le **Kourdistan** (environ deux millions d'habitants) forment sept vilayets : Erzeroum ; Dersim, chef-lieu : Khozat ; Ma'amouret-el-Azis, chef-lieu : Kharpout ; Diarbekir ; Bitlis ; Van ; Hakkiari, chef-lieu : Amadiyé.

Une partie du plateau d'Arménie avec les villes principales de Kars, Erivan et Edchmiadzin, appartient à la Russie.

La portion sud-est, sous le nom d'*A derbeidchan*, appartient à la Perse.

Le mont Ararat marque la triple frontière de la Russie, de la Perse, et de la Turquie.

L'Anatolie comprend dix vilayets avec une population d'environ six millions d'habitants :

Kastamouni *(Paphlagonie)*, ch.-lieu : Kastamouni ;

Khodavendikiar *(Bithynie)*, ch.-lieu : Brousse ;

Karasi, ch.-lieu : Balikesr ;

Aïdin *(Lydie)*, ch.-lieu : Smyrne ;

Konia *(Karamanie, Phrygie* et *Pamphylie)*, chef-lieu : Konia ;

Angora *(Galatie)*, chef-lieu : Angora ;

Sivas *(Pont intérieur)*, chef-lieu : Sivas ;

Trébizonde *(Pont)*, chef-lieu : Trébizonde ;

Adana *(Cilicie)*, chef-lieu : Adana ;

Djezaïr *(îles de la mer Égée)*, chef-lieu : Rhodes ;

Le sandjak d'Ismid *(Scutari)* fait partie du district de Constantinople.

La **Mésopotamie** que les Turcs appellent *El Djezirah* (l'île) est partagée entre les vilayets de Môsoul, de Baghdad, de Basra et une partie de celui d'Alep.

La partie méridionale, Irak-Arabi, forme le vilayet de Baghdad avec trois millions d'habitants, et le vilayet de Basra avec 800,000 habitants.

La **Syrie** et la **Palestine**, environ deux millions d'habitants, comprennent le vilayet d'Alep et le vilayet de Syrie, ch.-lieu : Damas.

L'Arabie comprend les vilayets de l'Hedjaz et du Yemen ; on en estime la population à un million d'habitants, avec trois millions de nomades.

Les côtes sud de l'Arabie, que l'on désigne sous le nom d'**Hadhramaut**, sont réparties en plusieurs petits sultanats indépendants. La ville principale est Terim avec 20,000 habitants et le meilleur port Makalla avec 18,000 habitants.

L'extrémité orientale de la presqu'île forme le grand État d'**Oman**, que gouverne le sultan de Mascate.

Plus au nord, sur le golfe Persique, est l'État de **Bahrein** avec un groupe d'îles, renommées depuis l'antiquité par leurs pêcheries de perles.

Enfin le plateau central de l'Arabie, que l'on appelle le **Nedjd**, se partage entre l'émirat de **Chammar** au nord, avec la ville principale de Haïl, et l'émirat des **Ouahabites**, au sud, avec la ville de Riâd.

« [1] Au milieu de la dislocation morale qui doit faire prévoir la dislocation matérielle de l'Empire, il reste au sultan un pays absolument fidèle où les populations chrétiennes ne réclament aucun droit, où les populations musulmanes ne demandent qu'à mourir pour l'Islam. Par une heureuse fortune, ce pays est peut-être le plus fertile de la Turquie. Les richesses naturelles sont inépuisables. Il possède des campagnes qui

[1] Gabriel Charmes, *Situation de la Turquie, Revue des Deux-Mondes,* février 1882.

ont nourri, dans l'antiquité, des nations innombrables. Les rades et les ports sont les plus beaux de la Méditerranée. Son étendue égale celle des plus beaux royaumes. Il y a là des éléments de prospérité, tels que si l'on savait bien les employer, on rendrait à l'Empire ottoman une puissance matérielle et une énergie vitale qui lui assureraient des siècles d'existence. »

Mais les Turcs qui, depuis quatre siècles, ont semé des déserts sur leur route sont condamnés, sans doute, à disparaître des terres qu'ils ne savent pas féconder et dont ils ont inconsciemment épuisé les ressources.

Actuellement, tout le poids du service militaire (et l'on sait combien il a dû peser depuis cinquante ans) retombe sur les Turcs d'Anatolie. Les chrétiens ne devaient pas jusqu'ici combattre dans les troupes de l'Islam ; ils payaient de leur bourse l'impôt que les autres payaient de leur sang ; il en est résulté que, depuis dix ans, la population musulmane de l'Anatolie a diminué de moitié tandis que le nombre des chrétiens s'est sensiblement accru. Quant aux Arabes ils ne sont pas soumis au recrutement militaire.

Nous allons rapidement esquisser la géographie de ces régions auxquelles s'attachent tant de souvenirs de grandeur et tant de traditions religieuses.

La Syrie et l'Arabie ont été le berceau des deux grandes religions spiritualistes qui se sont étendues sur le monde entier et en ont transformé la vie. Elles ont vu éclore les grandes conceptions religieuses dans lesquelles tous les peuples de l'Europe et du bassin méditerranéen ont ensuite puisé les principes fondamentaux et les lois qui régissent actuellement leurs sociétés. Les Sémites ont été les grands éducateurs de l'humanité. Leurs idées, que les philosophes grecs ont codifiées et, en quelque sorte, réduites par le raisonnement, constituent les documents les plus élevés qui aient jamais existé de la pensée humaine.

Des côtes de Syrie sont partis les humbles missionnaires dont la parole devait changer la face du monde ancien et mettre fin à la barbarie sauvage de nos ancêtres aryens. Des déserts de l'Arabie se sont élancés, enflammés par la voix de Mahomet, les cavaliers qui, en portant aux brutales populations du fond de l'Asie et de l'Afrique la notion du Dieu seul, ont contribué, sans doute, à l'une des plus grandes évolutions de l'histoire morale du monde. Aussi tous les peuples de la terre ont-ils toujours les yeux tournés vers ces pays dont ils ont reçu leurs lumières et leur foi religieuse. Aucun ne reste indifférent à leur avenir et il faut, pour cette raison, voir dans les luttes de la question d'Orient autre chose que des compétitions commerciales entre les marchands anglais et leurs rivaux des autres États.

I

ASIE-MINEURE OU ANATOLIE

L'Asie-Mineure, ou Anatolie, présente la forme d'une vaste presqu'île, dont l'isthme de jonction avec le plateau d'Arménie est marqué par la **Chaîne Taurique.**

L'Euphrate jusqu'à Malatie et le Djihan (ancien Pyrame), qui tombe dans le golfe d'Alexandrette, dessinent au pied de ces montagnes un profond sillon que suit la route d'Erzeroum à Alexandrette. Cette route naturelle des échanges de commerce entre la Méditerranée et les régions du Caucase, est indiquée, dans l'avenir, aux entreprises militaires des Russes.

Dans l'antiquité, l'Asie-Mineure était divisée en *Cilicie, Pamphylie,* et *Lycie,* au sud ; *Carie, Lydie,* et *Mysie,* à l'est ; *Bithynie, Paphlagonie,* et *Pont,* au nord ; *Galatie, Phrygie,* et *Cappadoce* au centre. Ces anciennes divisions correspondent à des régions naturelles et nous serviront à l'analyse succinte de la géographie physique de cette région.

On donne le nom de **Taurus** à toutes les montagnes qui soutiennent au sud la terrasse centrale de l'Asie-Mineure, c'est-à-dire le plateau de *Lycaonie.* Les géographes distinguent de l'ouest à l'est, le Taurus de Lycie, le Taurus de Cilicie, l'Antitaurus, le Taurus de l'Euphrate.

La chaîne de Cilicie est percée, aux sources du Cydnus, par les célèbres **Portes de Cilicie,** qui ouvrent une communication entre l'Asie-Mineure et la Syrie. C'est là que passe la route de Césarée à Tarse. Cyrus, Alexandre, les Croisés ont successivement suivi ce passage. Tarse, près de l'embouchure du Cydnus, au centre d'une région fertile, était leur place de ravitaillement.

Les sommets des montagnes atteignent et dépassent parfois 3,000 mètres. Le point culminant est le **Metdosis** (3,477ᵐ) dans la chaîne de Cilicie.

Au nord, le plateau de l'Anatolie est bordé par une chaîne de 2,000 à 3,000 mètres d'altitude. Elle longe de très près les côtes de la mer Noire, protégeant les vallées fertiles d'où sont originaires la plupart de nos arbres fruitiers d'Europe (le cerisier [1], le châtaignier, etc.). Les rivières tributaires de la mer Noire percent cette muraille. Ce sont : le Tchorok (Bathys), l'Yechil-Irmak (Iris), le Kysyl-Irmak (Halys), le Sakarias (Sangarius).

Le plus considérable de ces cours d'eau est le **Kysyl-Irmak**. Il prend ses sources dans les montagnes orientales, passe à Sivas (l'ancienne *Sebaste*), décrit une vaste courbe de l'est à l'ouest, et se replie perpendiculairement au nord en séparant la Paphlagonie du Pont.

A l'ouest, les contreforts du plateau s'allongent en longues ramifications perpendiculaires à la côte et se continuent par les îles de la mer Egée, ouvrant entre eux de belles et riches vallées dont les rivières descendent dans les golfes superbes où s'est développé, à l'origine des temps, le commerce maritime du monde et dans quelques-uns desquels se pressent toujours les flottes marchandes du bassin de la Méditerranée. Ces rivières, dont les noms gracieux se lisent aux premières pages de l'histoire, portent aujourd'hui de barbares dénominations turques.

Au centre du plateau se creuse une immense cuvette, probablement bassin desséché d'une mer intérieure. Quelques lacs salés, tels que la grande nappe du Touz-Tcheullu, en occu-

---

[1] Le cerisier est originaire de Kiresoum d'où il fut exporté par Lucullus.

pent les parties basses (712ᵐ) ; ils sont entourés de vastes déserts, tristes et dénudés, couverts d'efflorescences salines, dans lesquels les armées des Croisés eurent à supporter tant de souffrances. On les désigne, dans la géographie classique, sous les noms de *Lycaonie* au sud ; de *Cappadoce* et de *Galatie* dans les parties qui avoisinent l'Halys. Les forces souterraines les ont à diverses reprises tourmentés. C'est peut-être pour cette raison que les anciens donnaient à une partie de ce pays le nom de *Phrygie* (terre brûlée). Le cône volcanique de l'**Erdjias** (*Argée* des anciens), au sud de Césarée, se dresse à environ 4,000 mètres ; l'**Hassan-Dagh**, plus au sud-ouest, à 2,400 mètres.

« [1] Le plateau d'Asie-Mineure, élevé en moyenne de 1000 à 1200 mètres au-dessus du niveau de la mer, est, en général, séparé du rivage par une double chaîne de montagnes, formant deux gradins à bords élevés. Les cours d'eau qui descendent du haut du plateau, traversent ces deux gradins par des coupures sinueuses à flancs escarpés, désignées sous le nom de *Boghaz* (bouches ou gorges). Ces boghaz ne peuvent devenir praticables que moyennant des travaux exceptionnels, tels que déblais à la poudre, murs de soutènement, tunnels, ponts importants. Les chemins actuels évitent ces passages difficiles pour franchir les chaînes de montagnes et se développent avec de fortes pentes dans les ravins secondaires ou à flancs de coteau. La plupart de ces chemins ne sont que des sentiers impraticables aux voitures. Les transports se font donc avec des bêtes de somme. Il en résulte que au delà de 15 à 18 kilomètres de la mer, les prix de transport égalent la valeur de la plupart des marchandises à transporter, telles que céréales, fruits, bois de construction, etc. »

En outre, la richesse de l'Anatolie reposait sur la culture de l'opium, de la garance, sur la vente des poils de chèvre, et ces sources de revenu disparaissent.

---

[1] *La situation en Turquie, **Revue des Deux-Mondes**, février 1882.*

Le bassin houiller d'Héraclée, qui donnait 100,000 tonnes en 1875, est mal exploité et n'en produit plus que de 15,000 à 20,000.

Dans l'histoire, l'Asie-Mineure a tenu une place très importante. L'empire de Lydie, le royaume de Cyrus, l'empire d'Alexandre ont soumis à un même sceptre ses florissantes provinces. Plus tard, Mithridate, roi de Pont (123—64), a été un adversaire redoutable pour les Romains qui ont réuni le pays à leurs vastes domaines. L'Asie-Mineure a fait ensuite partie de l'empire de Byzance ; mais, en 1400, les Turcs l'ont conquise et, dès lors, ces contrées, couvertes jadis de villes superbes, sont devenues désertes et présentent le spectacle de la dévastation et de la plus triste misère. Partout où le Turc met le pied, dit un proverbe syrien, la terre est stérile pendant un siècle; on pourrait dire : est désormais stérile.

Quelques centres importants subsistent pourtant encore : Kjutahija (Koutahié-*Cotyœum*) et Afioun-Karahissar à l'ouest ; Angora (*Ancyre*) au nord ; Kaisarieh (*Césarée*) à l'est ; Konia (*Iconium*), au sud, dessinent un grand parallélogramme. Les routes qui les unissent enveloppent le désert central.

Koutahié a 60,000 habitants, on y recueille de grandes quantités d'ambre. Afioun-Karahissar avec 32,000 habitants est le centre principal du commerce de l'opium ; Ancyre a 35,000 habitants ; Konia, l'ancienne capitale de la Lycaonie, la Karamanie actuelle est bien déchue, mais elle compte encore 22,000 habitants et c'est un lieu de pèlerinage très fréquenté par les musulmans.

Koutahié, Afioun-Karahissar et Konia jalonnent la route de Constantinople et de Syrie, qui se continue par les portes de Cilicie et Adana.

Césarée a 60,000 habitants.

Plus à l'est, sur le Kysyl-Irmak, Sivas a 50,000 habitants. Toutes ces villes se ressemblent plus ou moins; elles sont entourées de vieilles fortifications et une citadelle les domine.

La côte septentrionale (ancienne *Paphlagonie*) n'est abordable que dans un petit nombre de ports.

Trébizonde[1] (60,000 habitants), colonie milésienne et ancienne capitale de l'empire des Comnènes, est le centre principal du commerce entre l'Europe et la Perse. Son port est assez mauvais. Plus à l'ouest se trouve une rade assez bien abritée à Platana.

Kircsoun, Samsoun ont quelque importance.

Sinope a un bon port et une belle rade où la flotte turque fut détruite par les Russes en 1853.

Héraclée se trouve près de mines de charbon exploitées.

L'extrémité nord-est de l'Asie-Mineure correspond à l'ancienne *Bithynie*. Scutari (l'ancienne *Chalcédoine*), qui n'est à proprement parler qu'un faubourg de Constantinople, a 75,000 habitants. Ismid est l'ancienne *Nicomédie*. Isnik, sur le lac du même nom, est l'ancienne *Nicée* : elle n'a plus que 500 habitants.

Brousse, qui a été l'ancienne résidence des sultans, est une belle ville de 70,000 habitants, riche et manufacturière, elle doit sa prospérité aux capitaux et à l'intelligence des étrangers. Elle est bâtie au pied de l'Olympe de Bithynie. Un chemin de fer la relie au port de Mudania, sur la mer de Marmara.

Sur les côtes occidentales se trouvent les anciennes colonies grecques qui sont encore aujourd'hui d'assez importantes villes de commerce.

Au nord, sur la mer de Marmara, les Dardanelles et la mer Égée, est l'ancienne *Mysie* dont la côte occidentale s'appelait *Éolie*.

Le **Granique** (aujourd'hui Oustvola), sur les bords duquel Alexandre battit les Perses, tombe dans la mer de Marmara.

---

[1] L'ancienne Trapezus, dont le nom rappelait, dit-on, sa forme trapézoïdale.

Là se trouvent, sur le détroit (*Hellespont*), Lampsaque (Lapsaki), Abydos (Tchanak-Kalessi) et, en face de l'île de Tenedos, les célèbres rivages de la Troade.

Le **Simoïs** (Mendere) tombe dans l'Hellespont.

Le **Scamandre** (Bounabarchi-Sou) finit dans la baie de Besika, importante station militaire. Les flottes de guerre anglaises et françaises s'y sont réunies pour pénétrer dans la mer de Marmara, à l'époque de la guerre de 1854. En 1878, la flotte anglaise s'y est également rassemblée avant de franchir les Dardanelles.

L'emplacement d'Ilion ou de Troie a été retrouvé de nos jours, sur cette côte, sous des alluvions de 15 mètres d'épaisseur, accumulées par le Scamandre pendant plus de trois mille ans.

La *Lydie*, au sud de la Mysie, avait pour capitale la superbe ville de *Sardes* qui n'est plus qu'un misérable hameau. *Ephèse* avec son célèbre temple de Diane n'a laissé que des ruines près du village d'Ayaslouk, et du port moderne de Scalanova. Il en est de même de *Milet*, cette célèbre métropole de plus de cent colonies. L'ancienne *Magnésie* est la ville de Manissa.

Des douze grandes cités ioniennes, il ne reste que **Smyrne** (Ismir) qui a survécu et conservé une grande importance. On y compte 150,000 habitants, dont 75,000 Grecs et 45,000 Turcs, 15,000 Juifs, 6,000 Levantins (Arméniens ou autres). On estime à 125 millions de francs son commerce d'exportation, consistant en huile, opium, blé, coton, raisins, noix de galle, etc. Environ 1,600 navires visitent annuellement son port. Un chemin de fer qui part de Smyrne en remontant la vallée du Gedis conduit à Manissa, 60,000 habitants, à Sart (l'ancienne *Sardes* sur le *Pactole*), et finit à Alaschehr (l'ancienne *Philadelphie*) qui est, par conséquent, aujourd'hui le point d'arrivée des caravanes.

Sur les bords du **Méandre** se trouve Aïdin-Karahissar (35,000 habitants), qu'un chemin de fer relie avec le port de

Scalanova. A son embouchure, le misérable village de Palatia indique l'emplacement de *Milet*.

L'extrémité sud-ouest de la presqu'île était l'ancienne *Carie* avec ses six colonies doriennes. Le pauvre village de Boudroun occupe la place d'*Halicarnasse*, patrie d'Hérodote [1].

Iles.

Les îles qui bordent les côtes occidentales de l'Asie-Mineure, ont conservé, en majeure partie, leur population grecque. Après avoir été ruinées et dévastées pendant les guerres de l'indépendance grecque, elles reprennent peu à peu leur ancienne prospérité.

Tenedos, petite île en face de la baie de Besika.

Mytilène (Mytilini) (l'ancienne Lesbos).

Chios (Sakys). Elle comptait 130,000 habitants en 1822. Les Turcs en massacrèrent la population. Elle possède de tels éléments naturels de richesse qu'elle réparait rapidement ses ruines, lorsqu'un terrible tremblement de terre, en 1881, vint détruire les nouvelles cités.

Samos (Syssam). Depuis 1832, l'île forme une principauté, qui se gouverne elle-même sous la suzeraineté de la Porte à laquelle elle paye tribut.

Nikaria (Ikarie) à l'ouest de Samos.

Patmos, au sol infertile, refuge de saint Jean l'Évangéliste, exclusivement habité par des chrétiens qui vivent fort indépendants.

Sur les côtes de Carie : Kôs (Istankoï), patrie d'Hippocrate et d'Appelles.

---

[1] Capitale du royaume de Mausole, à la mémoire duquel sa veuve Artémise, éleva un monument célèbre dont les débris, retrouvés en 1857, ont été réunis au British-Museum.

Enfin, la grande île de **Rhodes**[1] (du grec *Rhodon*, rose), au ciel toujours clair, au climat délicieux sous lequel se développe la plus belle végétation. Admirablement placée comme station maritime, elle a joué un certain rôle militaire dans l'antiquité. Les chevaliers de Saint-Jean, chassés de Palestine, s'y établirent en 1309. Les Turcs s'en emparèrent en 1522. Depuis lors, son ancienne splendeur disparut. Les belles montagnes boisées furent dévastées, l'agriculture fut abandonnée ; on ne trouve plus une seule route carrossable.

A l'époque de l'expédition d'Égypte (1798-1801), c'était dans les ports de Rhodes que se réunissaient les flottes anglaises et ottomanes qui portaient les troupes chargées d'opérer sur les côtes de Syrie et d'Égypte.

Pendant la guerre de l'indépendance grecque, les flottes turques et égyptiennes se réunissaient également à Rhodes pour attaquer les îles et les côtes de la Grèce. Ses rades furent[1] le théâtre des exploits de Canaris qui vengea les massacres de Chio en incendiant les flottes musulmanes.

La capitale de l'île a un bon port ; sa population est de 6,000 babitants. Elle est à 25 heures de navigation de Smyrne et à 37 heures de Larnaka (Chypre).

Les côtes et les îles de la mer Égée ont été illustrées dans l'antiquité par les artistes et les savants, dont les noms rappellent les plus belles époques de la civilisation grecque. Les saints et les apôtres des premiers temps du christianisme ont vécu et ont laissé leurs traces sur ces terres privilégiées.

Les côtes méridionales de l'Asie-Mineure sont moins favorisées. Les montagnes les bordent de près. Les plages sont souvent malsaines et la population est clairsemée.

Sur la côte de Lycie, Myra dont saint Nicolas fut l'évêque.

---

[1] Le célèbre colosse de Rhodes, haut de 45 mètres, une des sept merveilles du monde, fut renversé par un tremblement de terre en 150 après J.-C.

Sur la côte de Pamphylie, Adalia (5,000 habitants), à l'embouchure de l'Eurymédon.

Sur la côte de Cilicie, Selefke (l'ancienne *Séleucie*).

Tarse sur les bords du Cydnus (10,000 habitants).

La ville principale est Adana (40,000 habitants) dans l'intérieur du pays, sur les bords du Seihun. C'est une excellente position militaire qui commande à la fois l'entrée de l'Asie-Mineure, l'entrée de la Syrie et la route d'Erzeroum. Elle fut vivement disputée pendant la guerre de 1832 à 1840 entre le sultan Mahmoud et le pacha d'Egypte.

Dans le golfe d'Alexandrette, est la grande île de **Chypre** (Kypris), sur les côtes de laquelle Vénus Aphrodite sortit du sein des flots. Le climat délicieux, la végétation luxuriante, en faisaient le rendez-vous de ceux qu'attiraient la facilité des plaisirs et la mollesse des mœurs. Elle doit son nom aux mines de cuivre que l'on y exploitait. Après avoir fait partie de l'empire de Byzance, Chypre fut prise par Richard Cœur-de-Lion. Il en fit un royaume pour la maison de Lusignan qui régna de 1191 à 1400. Elle appartint ensuite aux Génois (jusqu'en 1489), puis aux Vénitiens (1511), enfin aux Turcs. Elle subit alors le sort commun, fut ruinée et dévastée. Les Anglais l'occupent et l'administrent depuis 1878. Elle compte encore 150,000 habitants en grande partie Grecs. Sa capitale est Nicosia (Levkosia) avec 20,000 habitants.

Au centre de l'île, le sommet du **Troodos** (Olympe) dépasse 2,000 mètres.

Sur la côte sud sont les ports commerçants de Limisso et de Larnaka ; à l'ouest Bapho ; à l'est Famagousta.

Si Constantinople est toujours l'objectif des Russes, il leur serait peut-être plus facile désormais de prendre le Bosphore à revers, soit en portant leurs flottes sur Sansoun ou sur Sinope, soit en suivant la route de terre. Erzeroum, Ersinghian, Sivas, Tokat, Angora,

Brousse, jalonneraient alors leur marche. Si l'on en juge par l'expérience des guerres précédentes, il n'est pas probable qu'une seule campagne leur permette d'atteindre ce but ; mais l'expérience du passé montre aussi comment les Russes procèdent par conquêtes successives, avec patience et sans se laisser décourager par des revers passagers. La mer Noire deviendra, un jour ou l'autre, un lac russe après avoir été un lac turc. La substitution lente du slave au tartare, commencée au XIVe siècle sur les bords de la Volga, se continue, de nos jours, par une sorte de loi fatale partout où les deux races entrent en contact. En Europe, les Germains d'une part, les Latins de Roumanie de l'autre, s'interposent maintenant entre les uns et les autres. En Asie, personne ne semblait pouvoir les séparer.

En réclamant au traité de Berlin des droits de protecton sur l'Asie-Mineure, les Anglais ont eu surtout pour objet de surveiller les progrès des Russes et de préparer les moyens de s'y opposer.

Ils se sont aussi fait remettre l'île de Chypre par la Turquie, en vertu d'un traité particulier (3 juillet 1878) contre lequel les puissances occidentales n'ont point protesté. De cette magnifique position maritime, ils sont certains de dominer toutes les mers du Levant, les côtes de l'Asie-Mineure et celles de la Syrie. Ils couvrent, au nord, le canal de Suez et observent Alexandrette, où leur pavillon flotterait avant qu'un régiment russe ait atteint Erzeroum.

II

SYRIE

Depuis le golfe d'Alexandrette jusqu'aux frontières de l'Égypte, la côte de Syrie se développe dans une direction sensiblement rectiligne, creusée cependant de quelques ports par lesquels se fait un commerce d'échange assez actif.

Alexandrette (Iskanderoum), est la position capitale des mers du Levant. « Sur toute la côte de Syrie, dit Napoléon, il n'y a aucun port, aucune rade sûre, si ce n'est celle d'Alexandrette ; c'est la seule où les ancres tiennent et ne chassent pas ».

Alexandrette est le port d'Antioche et celui d'Alep ; malheureusement il est entouré de marais et son climat est malsain ; à l'extrémité d'un golfe qui pénètre profondément dans les terres, c'est le point de la côte le plus rapproché d'Erzéroum et du Caucase, et, par conséquent, l'objectif indiqué à l'ambition de la Russie, le jour où elle jngera possible de reprendre sa marche vers la Méditerranée à travers l'Asie-Mineure.

Le golfe d'Alexandrette est donc doublement intéressant au point de vue des relations entre l'Arménie et la Méditerranée et des relations avec le cours moyen de l'Euphrate. Il est en effet en face de la grande courbe que le fleuve dessine, à l'ouest, après avoir franchi les derniers escaliers de la chaîne Taurique, comme s'il devait se jeter dans le golfe même, tandis qu'il se replie bientôt au sud-est, et coule pendant 200 lieues encore, avant d'atteindre le golfe Persique.

Entre l'Euphrate et le golfe d'Alexandrette, s'étale un plateau de craie et de calcaire d'une altitude moyenne de 600 mètres ;

c'est l'obstacle que le fleuve n'a pu percer et qui l'a obligé à reculer vers le sud-est.

Entre ce plateau et la mer, on n'a à franchir qu'une seule arête montagneuse, l'Alma Dagh (Amanus), crête à 2,000 mètres environ, et qui forme en quelque sorte la frontière naturelle du nord de la Syrie ; elle est traversée par quatre routes :

Quatre routes conduisent de Syrie vers le nord. Ce sont la route du littoral par le col de Beylan ;

la route de Kitlis à Albistan par Rewand Kaleksi, et Merasch ;

la route d'Alep à Albistan par Aintab ;

la route de la vallée de l'Euphrate.

D'Alexandrette au point de Biredjik, où l'Euphrate devient navigable, il n'y a que 40 à 50 lieues à vol d'oiseau ; mais la route des caravanes par Antioche et Alep est sensiblement plus longue.

Si la Russie venait s'établir militairement entre l'Euphrate et Alexandrette, elle commanderait les routes de l'Inde par la vallée du fleuve ; aussi comprend-on avec quel soin jaloux l'Angleterre surveille ses mouvements, et quel sentiment de prévision lointaine l'animait, lorsqu'elle s'est fait céder par la Porte un droit de protection sur l'Asie Mineure, et un droit d'occupation sur Chypre. Ses officiers et ses ingénieurs sont, de fait, superposés aux autorités elles-mêmes, et si quelque progrès commercial doit se réaliser dans ces régions, ce sera par les Anglais et à leur profit.

C'est vraisemblablement d'Alexandrette que devra partir le chemin de fer projeté, pour relier la vallée de l'Euphrate à la Méditerranée.

Le plateau de Syrie se termine brusquement au-dessus d'une grande vallée longitudinale parallèle à la côte, qu'on appelle le **Ghor** et qui se prolonge par la mer Morte et le golfe d'Akaba dans la mer Rouge.

Deux grands fleuves coulent dans ce sillon ; l'**Orontes** (aujourd'hui el Asy) vers le Nord, le **Jourdain** vers le Sud. Au delà des fleuves, le terrain se relève, puis retombe brusquement sur la Méditerranée.

Les deux murailles de la vallée sont profondément déchirées par les torrents perpendiculaires ; elles ne sont cependant entièrement coupées qu'en deux endroits : au nord en face d'Antioche, pour laisser passer l'Orontes ; au sud, près de Sour (ancienne Tyr), pour laisser passer le **Leontes.**

Il y a, en outre, quelques passages de mulets et trois routes, celles de Beirouth à Damas, de Saïda à Damas, de Jaffa à Jérusalem.

Entre Tripoli et **Tyr**, se dresse le **Liban,** c'est-à-dire les montagnes blanches, ainsi nommées, en partie à cause des neiges qui en recouvrent les cimes pendant dix mois, en partie à cause de la blancheur de leurs roches calcaires. La chaîne a une altitude moyenne de 2,300 mètres ; point culminant, 3,060 mètres.

La muraille orientale du Ghor forme l'**Anti-Liban,** dont la hauteur moyenne est de 1,500 mètres.

Au point de vue administratif, la Syrie comprend une partie du vilayet d'Alep (environ 900,000 habitants), et le vilayet de Syrie (Scham)[1] (avec 1,100,000 habitants).

On y distingue plusieurs régions naturelles : la Côte, le Liban, la Cœlé-Syrie, ou Syrie Creuse entre le Liban et l'Anti-Liban, le plateau calcaire d'Alep, le désert de Syrie.

Des anciennes villes phéniciennes de la côte de Syrie, il ne reste pour ainsi dire plus de traces ; Sour et Saïda, deux misérables bourgades sont situées sur les emplacements de Tyr et de Sidon.

Le port le plus actif est actuellement Beirout (70,000 habitants) qui est l'entrepôt des marchandises qui s'échangent entre l'Europe et la Perse ; c'est le port de la ville de Damas, et le siège des agents consulaires étrangers, du tribunal de commerce et d'un directeur spécial des affaires étrangères.

---

[1] Bahr el Scham, le pays de la gauche, par rapport à la Mecque, par opposition à l'Yemen, le pays de la droite.

En descendant la côte du nord au sud, on rencontre :

Latakieh, l'ancienne *Laodicée* (8,000 habitants),

Tripoli (Tarabalous) (24,000 habitants).

A 30 milles au nord de Tripoli, se trouve une rade, sans port, en face la plage de Marathus, et au sud de la petite île de Rouad ; elle est à 3 ou 4 kilomètres de la côte, et offre des fonds de 9 à 10 mètres, protégés du côté de la haute mer par des bancs de sable.

Saint Jean-d'Acre (Akko) (5,000 habitants), l'ancienne *Ptolémaïs*, forte place, fréquemment assiégée pendant les croisades, a été, pendant un siècle, le centre de la puissance et du commerce des chrétiens en Orient (1200 à 1300). Elle fut attaquée sans succès par Bonaparte en 1799. Ibrahim-Pacha s'en empara en 1882 ; elle fut cédée à l'Egypte avec la Syrie par le traité de Koutahié (1833). Bombardée par une flotte anglo-austro-turque, en 1840, elle fut enlevée à l'Egypte.

A trois lieues au sud de Saint-Jean d'Acre, le promontoire de Carmel abrite la baie d'Haïfa, où se trouve un petit port assez fréquenté. C'est la limite que l'on donne ordinairement à la Syrie et à la Palestine.

Sur la côte de Palestine, **Jaffa** (Joppé) (10,000 habitants), à 60 kilomètres de Jérusalem, en est le port le plus rapproché ; mais il n'est abordable que pour des navires d'un faible tirant d'eau.

Au nord de Jaffa, jusqu'à **Kaisarijeh** (l'ancienne *Césarée*, résidence des proconsuls romains), se développe un littoral merveilleusement fleuri.

Au sud, est la côte des anciens Philistins, aujourd'hui inculte et déserte, et sur laquelle, de leurs cinq villes, il ne reste que **Gaza** (Ghazzeh) (15,000 habitants), toujours importante comme étape et lieu de ravitaillement des caravanes qui se rendent d'Egypte en Palestine ou en Arabie. La ville est située à une demi-lieue de la mer, au pied du mont Hébron, sur un plateau riche, couvert d'oliviers et bien arrosé.

Au sud de Gaza, la côte est bordée de dunes.

Devant la petite ville et l'oasis d'el Arich, à l'embouchure de la rivière du même nom, est le seul ancrage que l'on trouve avant d'arriver au canal de Suez. C'est la limite entre l'Afrique et l'Asie; d'un côté, un littoral très arrosé, de l'autre, des terres sèches, brûlées, sans eau.

Le Liban, vu à distance, paraît n'être qu'un amas de rochers dépouillés. S'il n'est plus couronné que par un petit nombre de ces cèdres si vantés, il est néanmoins peu de contrées mieux cultivées, et les champs s'étagent jusqu'aux cimes des monts. Il est habité par deux peuples montagnards fort hostiles l'un à l'autre : Les Druses et les Maronites.

Les **Druses**, dont on estime le nombre à 80,000 environ, ont une religion à part qui est une dérivation du judaïsme et de l'islamisme. Très fanatiques, ils se tiennent à peu près indépendants de la Porte, et lui paient seulement un tribut. Ils s'occupent d'agriculture, d'élevage de bestiaux et du commerce des armes. En 1860, ils massacrèrent 20,000 chrétiens, et ravagèrent les communautés catholiques de la Syrie. Ces troubles que le gouvernement turc était impuissant à réprimer, motivèrent une intervention diplomatique des grandes puissances, et l'envoi en Syrie d'un corps d'occupation français.

Les **Ansariés**, ont, comme les Druses, une religion incertaine; il comptent, dit-on, 130,000 mâles, et vivent dans la montagne entre le col de Chara, et l'embouchure de l'Oronte.

Les **Maronites**, au nombre de 200,000, sont non moins énergiques que les Druses, mais moins barbares. Autrefois, séparés de l'église romaine, ils se sont de nouveau réunis à elle, et montrent une grande fidélité à leur foi religieuse. Leurs villages et environ 200 monastères qui leur appartiennent sont juchés, comme des nids d'aigle, au sommet des montagnes. Ils sont, comme tous les catholiques latins, protégés officiels de la France[1].

---

[1] A l'époque des croisades, la secte des *Assassins* (buveurs du Hatschich), avait une de ses principales provinces dans le Liban, mais le chef auquel ils obéissaient, le *Vieux de la Montagne*, résidait en Perse, à Alamont.

La **Syrie Creuse** (aujourd'hui el Bekaa), comprise entre le Liban et l'Anti-Liban, est à 500 mètres au-dessus du niveau de la mer. Elle est arrosée par l'Oronte (el Aasy), qui coule du sud au nord et se rend à la mer par une brèche transversale après avoir reçu à Antioche les eaux du lac du même nom. Ce passage a une grande importance pour les armées et pour le commerce puisque c'est le seul qui ouvre une communication naturelle entre la Méditerranée et le Ghor septentrional.

Aux sources de l'Oronte s'élève une digue naturelle d'environ 1200 mètres qui partage la vallée et envoie au sud un petit cours d'eau le Leontes, qui débouche dans la mer par une pittoresque coupure en face de Tyr. -

C'est près de la ligne de partage que se trouvait le célèbre **Héliopolis** ou Baalbeck ; on voit encore les magnifiques ruines de son temple du Soleil.

Dans la vallée de l'Oronte, **Homs** (l'ancienne *Emesse*), Hama, grande ville de commerce de 35,000 habitants, et enfin **Antioche** (Antakié) ; autrefois la plus grande cité de cette région ; elle comptait 70,000 habitants, et n'en a plus que 18,000. Elle a joué un grand rôle à l'origine du christianisme.

Le **Plateau d'Alep** est aujourd'hui animé par un trafic des plus actifs. Le commerce de l'Euphrate entre l'Europe, les Indes et la Perse passe par Alexandrette et Alep. C'est sa route la plus courte. Alep en est un des plus grands entrepôts. Les Arméniens en sont les principaux intermédiaires. L'importance d'Alep s'accroîtra encore lorsque sera mis à exécution le grand chemin de fer de la vallée de l'Euphrate qui réunira l'orient et l'occident de l'ancien monde. Les Anglais s'en occupent activement et l'on peut en regarder la réalisation comme prochaine. On comprend donc quel était leur intérêt d'occuper Chypre et de se faire donner un droit de protectorat sur l'Asie-Mineure. Aussi, leurs officiers, leurs ingénieurs et leurs fonctionnaires peuvent-ils dès maintenant parcourir le pays, comme s'ils en étaient déjà maîtres. Leur influence, basée, comme toujours, sur l'exploitation commerciale de ces provinces, acquiert ainsi un droit de priorité d'une grande valeur sur celle que les autres États européens pourront s'efforcer de développer plus tard. Dès maintenant, ils se préparent à faire échec aux préparatifs militaires des Russes. Ceux-ci pouvaient bien jusqu'à présent gagner peu à peu sur un territoire turc ; ils ne sauraient s'avancer de même sur un territoire désormais couvert par un protectorat anglais, si nominal que puisse paraître encore le protectorat. Une ligne de chemins de fer anglais sera peut-être pour eux une barrière infranchissable.

Sur le versant oriental de l'Anti-Liban, dans une plaine bien arrosée, s'élève la grande ville de **Damas** l'ancienne capitale de la Syrie, avec plus de 160,000 habitants, centre d'un important commerce d'acier, d'étoffes et d'armes renommées. Depuis les croisades, rivale d'Alep, moins avantageusement située par rapport à l'Euphrate, mais sur la route que les pèlerins de la Turquie, de l'Asie-Mineure et de la Perse, suivent pour se rendre à la Mecque. Plus de 400,000 pèlerins traversent chaque année Damas ; aussi la ville est-elle un des plus actifs foyers de l'islamisme.

Dans une oasis du désert de Syrie, à environ 190 kilomètres, au nord-est de Damas et à même distance de l'Euphrate, se trouvent les ruines de l'ancienne grande cité de **Palmyre** (Tadmor, la ville des palmiers), bâtie par Salomon.

Dans les derniers temps de l'Empire romain, Palmyre acquit une grande illustration, comme siège d'un empire qui, sous l'impératrice Zénobie, tint, un certain temps, Rome en échec.

Aujourd'hui, 500 pauvres fellahs habitent seuls au milieu des ruines encore magnifiques de ses palais et de son ancien temple du Soleil.

Les climats de la Syrie sont très variables. A l'est des montagnes, dans la plaine de l'Euphrate, quelques pluies peu abondantes suffisent à développer en quelques jours une végétation luxuriante, bientôt anéantie par les chaleurs torrides de l'été.

Les montagnes et les hauts plateaux ont un climat dur qui se rapproche de celui du centre de la France.

La plaine maritime est exposée à des chaleurs accablantes, mais très arrosée, fertile et souvent insalubre. Aussi toutes les cultures se rencontrent sur le sol de la Syrie, et n'étaient l'incurie du gouvernement, les vexations des fonctionnaires, et les luttes intestines des populations, ce pays serait, de nos jours, comme dans l'antiquité, un des plus productifs.

La Syrie est la clef des Indes pour les routes de terre, comme l'Égypte en est la clef pour les routes maritimes. Lorsque Bonaparte, déjà maître de la vallée du Nil, rêvait, en 1799, de poursuivre ses gigantesques projets pour atteindre la puissance anglaise dans les Indes, il commença par la conquête de la Syrie.

Il faut observer encore que toutes les fois que l'Égypte a obéi à des princes puissants, ceux-ci ont toujours cherché à se rendre maîtres de la Syrie. Un peuple, dont la population croît, ne peut, en effet, rester cantonné et immobile dans un domaine restreint. Or la vallée du Nil est enveloppée de déserts comme une immense oasis. L'expansion de la population est limitée dans la haute vallée du Nil par la résistance des Abyssiniens et des Noirs du Darfour qui ne se laissent pas facilement entamer, il est donc naturel que ce peuple déborde sur la Syrie.

Pour cette raison et pour les causes de situation géographique commerciale précédemment signalée, si l'Égypte forme un empire puissant, la Syrie en devient une dépendance naturelle.

Mehémet-Ali, qui joua un rôle si considérable au commencement du siècle, dans les affaires de l'Orient, avait réussi grâce à une énergie impitoyable et à des qualités supérieures à se rendre maître de l'Égypte, à s'y faire reconnaître vice-roi par le sultan.

Il réclama de la Porte des fellahs qui, fuyant son administration oppressive, s'étaient réfugiés en Syrie. N'ayant pu obtenir satisfaction, il fit envahir la Syrie par son fils Ibrahim-Pacha à la tête d'une belle armée de 30,000 hommes qu'il avait organisée avec le concours d'officiers français. Ibrahim s'empara de Saint-Jean-d'Acre et de Damas (1832), battit les Turcs à Homs et s'ouvrit ainsi les défilés du Taurus; il continua sa marche victorieuse et une nouvelle bataille à Konia lui ouvrait la route de Constantinople. L'intervention des puissances européennes arrêta ses progrès; cependant le Sultan Mahmoud dut, par le traité de Koutahié (14 mai 1833), reconnaître à Mehemet-Ali l'investiture de la Syrie jusqu'au Taurus. En 1838, celui-ci en réclama l'hérédité. Le refus de la Porte amena une nouvelle guerre. Ibrahim battit de nouveau les Turcs à Nisib, près de l'Euphrate, à hauteur de Biredjik (1839). La diplomatie européenne arrêta encore les hostilités. Une flotte anglo-austro-turque, sous les ordres du commodore Napier, bombarda Saint-Jean-d'Acre (4 nov. 1840) et enleva toute la Syrie à Mehemet-Ali. Mais le sultan Abdul-Medjid lui accorda la vice-royauté héréditaire de l'Égypte moyennant la restitution de la Syrie, de Candie et de l'Hedjaz.

Palestine.

La partie méridionale du plateau calcaire qui sépare la Syrie de l'Arabie n'est qu'un pays de 500 kilomètres de longueur, que les despotes de l'Asie ont toujours considéré comme une simple annexe de la Syrie. On l'appelait, dans les temps les plus éloignés de l'histoire, le pays de *Chanaan ;* ce fut la *Terre promise* des Hébreux ; on lui donnait aussi le nom de **Palestine** (pays des Philistins).

Les chrétiens l'ont révéré comme la *Terre sainte*, parce que c'est là que naquit, enseigna, et mourut Jésus-Christ, et, depuis lors, les regards de tous les peuples de la chrétienté se tournent toujours avec respect et ferveur vers le berceau de leurs croyances.

Enveloppé par les six nations les plus avancées dans la civilisation antique : Babyloniens, Assyriens, Mèdes, Perses, Phéniciens et Égyptiens, sur les routes les plus fréquentées par les armées et par le commerce entre l'Asie et l'Afrique, le petit peuple d'Israël a pu conserver dans l'antiquité son caractère unique, grâce aux difficultés d'accès que présentait son pays, soit du côté de la mer, soit du côté des déserts, et grâce aux montagnes rocheuses et ravinées qui protégeaient sa capitale.

Plus tard cependant, les doctrines dont il était le dépositaire devaient rayonner sur l'univers entier, tandis que lui-même, se refusant à accepter la réforme religieuse qui avait préparé leur expansion, était dispersé sur toute la surface de la terre connue. Malgré cette dispersion et des persécutions qui n'ont point encore cessé partout, et, bien que n'existant plus à l'état de société politique, il réussit à maintenir, de nos jours encore, un individualisme qui étonne et à conserver intacts, comme un lien puissant entre ses membres dispersés, les principes de foi de la plus ancienne religion du monde.

[1] La caractéristique principale de la Palestine est la vallée du **Jourdain**. Le fleuve est formé de la réunion des eaux qui sortent des massifs méridionaux de l'Anti-Liban dominés à 2,759 mètres d'altitude, par la cime de l'**Hermon** (djebel Cheik).

Le lit du Jourdain s'élargit en un chapelet de lacs dont l'importance s'accroît successivement : le lac limoneux de **Merom**, le lac de **Tabarijeh** (ancienne mer de *Galilée*, lac de *Tiberias*, ou lac de *Genesareth*) dont le niveau est déjà à 200 mètres au-dessous de la Méditerranée.

Plus loin s'étend la mer **Morte** dont le niveau est à environ 394 mètres au-dessous de la Méditerranée. C'était l'ancienne et fertile vallée de Sodome et de Gomorrhe.

Au milieu des plateaux déserts et sans eaux dont les escarpes bordent les rives occidentales de la mer Morte est la cité sainte de **Jérusalem**.

La côte de Syrie, presque rectiligne, est une superbe façade de l'Orient sur l'Occident. De là sont partis les commerçants et les navigateurs phéniciens

---

[1] Il sortirait de notre cadre et du but que nous nous proposons, de reprendre, après tant d'autres, la description des lieux saints dont chaque nom a acquis une si universelle notoriété, nous nous bornerons donc à une esquisse absolument succincte.

qui ont apporté à l'Occident les premiers germes de civilisation et les apôtres qui l'ont catéchisé. Aussi les peuples de l'Europe ne se sont-ils jamais désintéressés des pays où leur civilisation et leur religion ont pris naissance. La France surtout s'est toujours montrée jalouse de maintenir sur ces côtes l'autorité de son nom.

Depuis plusieurs siècles, les chrétiens du Levant sont sous la protection de la France. C'est un héritage d'une généreuse politique dont elle est toujours fière et qu'elle tient à honneur de maintenir. C'est en effet par l'efficacité de cette protection que son prestige se conserve dans ces pays ; il est donc d'un intérêt supérieur pour elle de soutenir les établissements religieux qui se réclament de son nom.

On a dit que le soulèvement fanatique des Druses, en 1860, n'était pas étranger aux rivalités politiques de l'Occident, ou du moins, que certaines communautés chrétiennes, que couvraient d'autres protections que la protection française, avaient su par d'heureuses intelligences se garantir contre les excès sanguinaires dont furent surtout victimes les Maronites et d'autres chrétiens protégés français. Cette raison détermina le gouvernement français à envoyer ses troupes rétablir l'ordre. Dans cette œuvre complexe d'apaisement religieux et de réparation politique, Abd el Kader, notre vieil adversaire d'Algérie, qui avait fixé sa résidence à Damas, mit son influence personnelle et sa réputation de sainteté au service de la France, dont il respectait la générosité, et dont il s'efforça de faire aimer le nom.

La situation privilégiée résultant du protectorat des catholiques latins, garantie à la France par les traités, lui est disputée par l'Angleterre, qui a sous son patronage les communautés protestantes.

La Russie a fait reconnaître son protectorat sur les chrétiens orthodoxes grecs. Enfin, l'Allemagne est entrée en scène, et l'Italie réclame le patronage des communautés latines de langue italienne.

En échange des avantages accordés à l'Angleterre par l'occupation de Chypre, la France a fait confirmer au traité de Berlin ses droits de protection sur les chrétiens de Syrie. A cette époque, les ministres des gouvernements anglais et français ont même échangé quelques projets relatifs à la détermination d'une limite nord de la Syrie que l'Angleterre devait s'engager à ne pas dépasser, si elle donnait suite à la construction du chemin de fer de l'Euphrate, et à la prise de possession de territoire qui en serait la conséquence. La suprématie française serait alors reconnue au sud de cette limite.

« Plus on examine le protectorat catholique, plus on l'étudie dans toutes ses faces, dit M. Gabriel Charmes, plus on reconnaît combien il serait insensé de notre part de l'abandonner. Il nous assure dans l'Orient méditerranéen une situation exceptionnelle, qui n'a d'égale que celle que le protectorat orthodoxe donne à la Russie. C'est une part morale immense, et qui pourrait encore augmenter, si nous savions nous en servir. La Russie, à cet égard, nous est bien supérieure. C'est par l'action qu'elle exerce sur les populations chrétiennes, qu'elle prépare ses conquêtes, ce qui lui est d'autant plus facile qu'il n'y a pas de contradiction entre sa politique intérieure et sa politique extérieure. »

2.

Lorsqu'il s'agit des affaires orientales, il faut ne pas oublier que, dans ces pays où les questions religieuses ont toujours été la préoccupation principale des esprits, il n'est pas possible de séparer l'action politique et diplomatique de l'action religieuse. C'est à l'efficacité de la protection dont elle couvre sa clientèle d'établissements religieux, que se mesure la puissance de la France. Néglige-t-elle leurs intérêts, on en conclut aussitôt à un affaiblissement de son influence ?

La France doit donc non seulement continuer son protectorat aux congrégations catholiques de l'Orient, mais encore elle doit en favoriser le recrutement parmi ses nationaux, sans quoi il arrivera un moment où elles ne seront composées que d'Italiens, d'Autrichiens, d'Allemands, d'Espagnols, etc., c'est-à-dire de personnes appartenant aux nations qui nous disputent le protectorat catholique, et l'Italie et l'Autriche parviendraient sans doute à s'emparer de celles où domineraient leurs sujets [1].

Pendant très longtemps, avons-nous dit, la France a exercé une influence prépondérante en Orient. Ce fut grâce à son initiative que, sous le règne de François Ier, les chrétiens obtinrent certaines garanties consacrées par « les capitulations ».

Vers la même époque le pavillon français jouissait d'une sorte de monopole pour faire, entre les diverses parties de l'empire ottoman, l'intercourse, ce que l'on appelait alors *la Caravane*. Il fut un temps, où, seuls,

---

[1] La France a affirmé en 1883 sa politique, en exigeant que le gouverneur Rusten, d'origine italienne, qui terminait sa période décennale, ne conservât pas ses pouvoirs, et fût remplacé par un fonctionnaire qui lui fût plus sympathique.

le pavillon français et le pavillon de Raguse pouvaient se montrer dans les eaux turques. A l'époque de Henri IV, il s'y trouvait toujours un millier de bâtiments portant nos couleurs.

L'expédition de Bonaparte en Syrie a laissé dans ces contrées un souvenir encore très vivace.

Depuis deux cents ans, des missions françaises de carmes et de dominicains établies, les premières à Baghdad, les secondes à Môsoul, ont maintenu groupées autour d'elles des communautés chrétiennes qui ont résisté au fanatisme musulman, grâce à la protection de la France. Ces religieux, aussi ardents patriotes que fervents apôtres du dogme catholique, sont, dans ces pays lointains, comme d'ailleurs dans tout l'Orient, les représentants influents de la race française dont ils enseignent l'histoire, dont ils font aimer le génie et la langue, dont ils font vénérer la puissance. Dans ces pays où l'idée de nationalité n'existe pas, la religion est le seul lien social ; les chrétiens, les catholiques latins surtout, forment partout des groupes, parfois peu nombreux, parfois considérables, comme à Baghdad, clients et serviteurs quand même de la France et dont notre politique n'a pas su tirer, jusqu'à présent, le meilleur parti : « L'attachement qu'ils manifestent toujours pour notre patrie n'a pas d'autre source que les enseignements puisés par eux près des Pères [1]. Supprimez ceux-ci et bientôt personne en Orient ne parlerait notre langue et ne

---

[1] Lettre de M. Denis de Rivoyre, Bassorah, 5 janvier 1881 (*Bulletin de la Société de géographie*, juillet 1881).

penserait plus à nous. L'Angleterre attacherait un grand prix au concours de ces missionnaires dévoués et patriotes. »

La France a deux agents importants de propagande dans l'Orient, ses missions religieuses, ses compagnies de navigation maritime. Aux unes comme aux autres est, en quelque sorte, confié l'honneur de son pavillon ; leur patriotisme se surexcite à mesure qu'elles s'éloignent de la patrie, et l'on a souvent à admirer le dévouement dont elles font preuve ; mais, de son côté, sous peine de déchoir, la France ne saurait abandonner ceux qui portent son nom au loin ; elle leur doit non seulement sa protection morale, mais aussi, lorsqu'il en est besoin, un appui matériel, financier ou militaire.

Il faut voir dans nos bâtiments marchands autre chose que des outils commerciaux. Les couleurs nationales battent à leurs mâts ; ils sont, en réalité, l'avant-garde et deviendraient, au besoin, les auxiliaires de notre flotte de guerre. Les marins qui les montent, les officiers qui les commandent le sentent et ils en sont fiers. Lorsque, dans ces parages lointains, se montre un navire français, il semble que c'est la patrie elle-même qui s'approche, et, en Orient, au milieu de populations toujours fanatiques, souvent hostiles, cette impression est plus vive que partout ailleurs ; aussi la protection de notre marine de commerce dans les mers du Levant doit-elle être l'objet d'une constante sollicitude de la part du pays.

III

ARABIE ET MÉSOPOTAMIE

Presqu'île du Sinaï. — La mer Rouge se termine vers le nord, par deux bras étroits et profonds : le golfe de Suez et le golfe d'Akaba ; ils dessinent les côtes de la presqu'île triangulaire du mont Sinaï, que les géographes désignent parfois sous le nom d'**Arabie pétrée** ; c'est la terre de jonction entre l'Afrique et l'Asie. La limite en est marquée soit par le canal qui perce l'isthme de Suez, soit plutôt par l'oued el Arich dans lequel se réunissent les eaux du versant méditerranéen et dont l'embouchure indique la frontière entre la Syrie et l'Égypte.

La route des pèlerins venant d'Afrique et se rendant à la Mecque traverse directement la presqu'île entre Suez et Akaba, par le désert et Tih, le désert de *l'Égarement*, dans lequel errèrent les Hébreux avant d'entrer dans la Terre promise. Au sud, s'élèvent, d'étage en étage, des masses puissantes de roches volcaniques qui se pyramident au mont Horeb et au mont Sinaï (djebel Tor) (2,000 à 2,600 mètres).

Cette région si intéressante par les souvenirs des migrations du peuple hébreu a été célèbre, depuis le christianisme, par le nombre et la réputation de ses monastères ; elle est à peine habitée aujourd'hui par 3 ou 4 mille Arabes nomades, au milieu desquels vivent quelques moines grecs et quelques Turcs.

Le port le plus voisin du Sinaï est Tor, sur le golfe de Suez.

Au point de vue politique, la presqu'île et une partie de la côte asiatique de l'Arabie avec le port d'el Ouedj, relèvent de l'Égypte.

Péninsule arabique.

La péninsule arabique a une forme massive avec des côtes rectangulairement découpées par la mer Rouge, l'océan Indien et le golfe Persique.

Au centre[1], s'élève un énorme plateau dont les cimes varient de 600 à 2,400 mètres. Il n'est déchiré que par quelques ravines où coule un peu d'eau dans la saison des pluies, décembre et janvier. Le reste de l'année, le sol est desséché par une chaleur brûlante que rend plus excessive encore le souffle intermittent du *simoun*. Les productions de ce pays sont naturellement restreintes ; mais, sous ce soleil de feu, s'élaborent les essences balsamiques, les parfums divers de l'Arabie, le café enfin, dont c'est le lieu d'origine. La partie méridionale est, cependant, d'après des renseignements récents, plus fertile et plus peuplée qu'on ne l'avait supposé.

Protégés par les ardeurs du climat sous lequel ils vivaient, les descendants d'Ismaël n'ont jamais été courbés sous la conquête étrangère.

Les Grecs n'atteignirent point leur pays et les Romains ne dépassèrent guère le Sinaï. Ce furent les Arabes au contraire qui, enflammés par la parole de Mahomet, portèrent l'Islam jusqu'aux pieds de l'Himalaya d'une part, et, de l'autre, sur toutes les côtes nord de l'Afrique, en Espagne, en France même jusqu'à Poitiers et aux extrémités de la vallée de la Saône. Aujourd'hui encore la science arabe, son système de

---

[1] L'Arabie centrale nous est connue par les voyages de Palgrave qui traversa la péninsule de Ghaza à Mascate.

numération, ses chiffres, etc., ont laissé une impression profonde sur notre civilisation, et la langue arabe est un des idiomes les plus répandus sur le globe.

Après cette glorieuse période de conquête religieuse, des États musulmans se fondèrent, s'organisèrent, puis se séparèrent les uns des autres et la péninsule arabique revint à son antique isolement, sans avoir modifié ni ses mœurs, ni les conditions de sa vie pastorale. La population se divise en plusieurs tribus dont la plus noble est celle des Ismaélites. Les Arabes sédentaires vivent dans quelques oasis, reconnaissent la suprématie du sultan ou forment entre eux de petites confédérations; mais la plupart sont nomades, ce sont les **Bédouins** (c'est-à-dire les fils du désert) qui obéissent à des cheiks ou à des émirs.

Leurs superbes chevaux, dont la pureté du sang est l'objet des plus grandes attentions, les emportent à travers le désert pour leur vie de liberté et de rapines.

Ptolémée avait divisé l'Arabie en *Arabie pétrée*[1], *Arabie heureuse*, et *Arabie déserte*; mais ces divisions, longtemps adoptées, ne correspondent à aucune division naturelle.

Le territoire turc comprend, comme nous l'avons dit, les vilayets de l'Hedjaz et du Yémen le long de la côte de la mer Rouge et le sandjak du Nedjd qui relève du vilayet de Basra. On en évalue la population à 1,180,000 habitants environ.

Le territoire indépendant compte environ 3,700,000 habitants, et les possessions anglaises 31,000 habitants.

---

[1] L'Arabie *pétrée* tirait son nom de la ville de Petra, qui était le centre de la culture et de l'occupation romaine. Il ne faudrait donc pas considérer le nom de *pétrée* comme le synonyme de pierreux.

L'Hedjaz comprend les sandjaks de Médine, de la Mecque, et de Djedda.

Médine et la Mecque sont les deux villes saintes de l'Islam. Djedda est le port de la Mecque. L'accès de ces lieux sacrés, que tout bon musulman doit visiter au moins une fois, pour acquérir le titre d'*Hadj*, est interdit à tout infidèle. Quelques Européens ont pu cependant y pénétrer.

Bien que le grand chérif de la Mecque n'ait qu'une autorité religieuse, il doit être considéré cependant comme le véritable maître de l'Hedjaz. Il est le chef d'une puissante aristocratie religieuse qui fait remonter son origine aux descendants directs du Prophète.

La Mecque est une ville de 45,000 habitants, dominée par de hautes montagnes dénudées et protégée par trois châteaux. Au centre se trouve la grande mosquée et la *Kaaba*, autour de laquelle se réunissent des masses considérables de pèlerins au nombre de plus de 100,000 parfois, venus de toutes les parties du monde musulman [1].

Djedda, à 108 kilomètres de la Mecque, est devenu un centre d'échange important pour le commerce oriental entre les Indes et l'Afrique, d'autant plus que les caravanes se rendant à la Mecque ou en revenant jouissent d'une immunité précieuse dans la traversée des déserts, au milieu des bandes pillardes des Bédouins. Son port est relié à celui de Suez par un service régulier de vapeurs.

Médine, à 255 kilomètres au nord de la Mecque, a été sanctifiée par le séjour du Prophète qui s'y réfugia le 16 juil-

---

[1] Le choléra et des épidémies diverses se développent fréquemment au milieu de ces pèlerins ignorants et inconscients des précautions hygiéniques les plus élémentaires. Ils vont ensuite porter au loin les germes de ces maladies. Sous la pression des États européens, le gouvernement ottoman a dû prescrire certaines mesures préventives, malheureusement encore inefficaces, mais qui ont amené cependant des résultats appréciables. L'exécution de ces mesures est surveillée par une commission sanitaire européenne.

let 622. Cette date, dite de l'*Hégire* (de la fuite), marque le commencement de l'ère musulmane. C'est une ville de 17,000 habitants, entourée d'une forte enceinte; elle possède le tombeau de Mahomet. Médine a pour port Yambo, misérable bourgade de 6,000 habitants, où se fait cependant un actif commerce.

L'Yemen occupe la partie sud-ouest de l'Arabie. C'était l'ancienne Arabie heureuse. Il est coupé de vallées bien arrosées et fertilisées autrefois par de savants travaux d'irrigation dont on voit encore les restes et dont les Arabes portèrent les méthodes en Espagne. Il produit du café et des plantes balsamiques. Le pacha réside à Moka (5,000 habitants), sur la côte ; mais le centre du pays est à Sana, ville de 20,000 habitants à une altitude de 1600 mètres.

Les deux ports de Loheia et de Hodeida ont quelque activité.

A la pointe sud-est de l'Yemen, se trouve l'État indépendant du **Laheg**. L'Angleterre a conclu, en 1849, un traité avec le chef du pays et obtenu la concession d'une partie de la côte.

Les Anglais possèdent depuis 1839 l'importante position maritime d'**Aden** et depuis 1857 l'île de Perim dans le détroit de Bab el Mandeb (28 kil. de large).

Les côtes méridionales de l'Arabie sont rocheuses ou sablonneuses, également arides et stériles ; mais à quelque distance dans l'intérieur, le pays, fertilisé par les pluies estivales, est peuplé et cultivé ; le territoire est partagé en plusieurs sultanats. Le plus notable est celui d'**Hadhramaut** dont le port est Makalla et la ville principale Terrin.

Sur ces côtes, les Anglais possèdent encore les cinq îles de **Khourian-Mourian**, habitées par quelques pêcheurs ; on y exploite le guano et l'on y a établi une station du câble sousmarin des Indes.

A l'extrémité sud-est de l'Arabie est le grand État d'**Oman** qui s'étend jusqu'à la baie de Bahrein dans le golfe Persique et compte près de deux millions de sujets. Le sultan réside à Mascate. Il possède la partie la plus belle de l'Arabie. Le pays est montueux, bien arrosé et bien cultivé. La population n'est pas musulmane ; sa religion est un mélange des cultes de la Chaldée et de l'ancienne Perse.

Mascate est un port très fréquenté avec 20,000 habitants.

Les îles de **Bahrein** et les côtes voisines dans le golfe Persique forment un petit État tributaire des Ouahabites du Nedjd. Elles sont le centre de pêcheries considérables de perles qui, de juin à septembre, occupent 30,000 individus, et dont le commerce s'élève annuellement à 10 millions de francs environ.

Au territoire de Bahrein confine le pays d'el Ahsa, qui forme le sandjak turc du Nedjd et s'étend jusqu'aux bouches du Chat el Arab ; la ville principale est le port de Kouët (30,000 hab.).

Le plateau central de l'Arabie ou **Nedjd**, se partage entre le royaume de Chammar au nord et celui des Ouahabites au sud.

Le **Chammar** est un petit État, tout à fait indépendant, de 100,000 habitants. La population est, en grande majorité, restée fidèle à l'ancienne religion arabe. Ils reconnaissent un seul dieu, mais rendent cependant un culte au soleil. Leur ville principale est Haïl.

L'État des **Ouahabites** est plus considérable. Il compte environ 1,200,000 individus, y compris 74,000 Bédouins. Leur religion, aux préceptes très sévères et très observés, parait être une réforme de l'Islam, opérée au siècle dernier. Ils s'étendaient sur toute la péninsule, mais en 1818, Ibrahim-Pacha les refoula et détruisit leur capitale. Néanmoins l'autorité de leur sultan est reconnue depuis les portes de la Mecque et de Médine jusqu'au golfe Persique. Sa résidence est à Riâd, ville de 28,000 habitants. Ils possèdent plusieurs autres villes de 20,000 à 30,000 habitants[1].

Mésopotamie.

L'Euphrate et le Tigre sont les plus grands fleuves de l'Asie occidentale. Ils descendent des montagnes de l'Arménie. Leur bassin ne compte pas moins de 660,000 kilomètres carrés.

L'**Euphrate** est formée de deux bras.

Le bras occidental, Euphrat ou Fourat, appelé aussi Kara-sou, la rivière noire, prend ses sources dans les environs d'Erzeroum, à peu de distance de celles de l'Araxe. Il passe près d'Ersinghian.

Le bras oriental, Mourad-sou, reçoit ses premières eaux des montagnes de l'Ararat. Dans sa vallée supérieure, Diadin; plus bas Mouch. Coulant dans un lit étroit de rochers qui forment une suite de rapides ou de cataractes, il se réunit au bras occidental en amont de Kieban-Maaden.

L'Euphrate se dirige alors vers le sud en décrivant de grandes courbes. Il traverse dans des gorges sauvages un des principaux remparts de la chaîne taurique par une succession de chutes et de rapides; en aval de Malatieh, on n'en en compte pas moins de 300 sur un parcours de 150 kilomètres. Ce passage peut être comparé, mais dans des proportions plus grandes, au défilé des Portes de fer du Danube à Orsova.

A Telek son lit se rétrécit à 30 mètres environ.

A la sortie du Taurus, l'Euphrate coule vers l'ouest, comme s'il devait tomber dans le golfe d'Alexandrette, dont

---

[1] Il n'est permis ni de fumer, ni de chanter, ni de jouer d'aucun instrument. Les hommes doivent visiter la mosquée cinq fois par jour; ne porter ni or, ni vêtement de soie. (Voyage de Palgrave en Arabie.)

il n'est éloigné que de 170 kilomètres. Il est toujours enfermé entre de hautes berges de grès rouge, élevées de 130 mètres et forme encore de nombreuses chutes. Il passe à Samsat. La dernière chute se trouve à Biredjik (ancienne Birta). Le fleuve devient navigable ; il peut être comparé au Rhône.

Son affluent principal de gauche est le **Chabur** (assez peu exploré encore). Sur sa droite, le désert de Syrie ne lui envoie aucun tributaire.

Les rives de l'Euphrate sont peu habitées. Rakka est le point de départ des caravanes de Damas.

Près de Saglaouïah aboutit le canal qui réunit l'Euphrate au Tigre près de Baghdad. La distance est de 10 à 11 lieues. La navigation commerciale remonte de préférence le Tigre et passe ensuite dans l'Euphrate par ce canal. Plus en aval, les jonctions naturelles sont nombreuses entre les deux fleuves.

Hilley est près des ruines immenses de Babylone qui couvrent une étendue considérable sur les deux rives du fleuve.

Divanieh a quelque importance.

Le fleuve se partage en plusieurs bras d'une navigation difficile. Il traverse le territoire de la tribu arabe des Moustafitch, fort peu connue, au nombre de 500,000 environ, et qui possèdent quatre villes, Nasrich, Souk es Cheyouk, sur l'Euphrate, Chatrâb, Cahlat at Seker sur le bras de Chat el Haïk.

A Korna, l'Euphrate se réunit au Tigre.

Le **Tigre** (Didjdeh ou Chat) est formé de la réunion de deux cours d'eau principaux. Celui qui porte son nom est l'émissaire d'un petit lac (Gokcha) à 12 kilomètres de Telek sur l'Euphrate.

Le deuxième bras est le Dibeneh. Ils se rejoignent en amont de Diarbekir, ville importante de 60,000 habitants, entourée de remparts élevés.

Le Tigre franchit alors les murailles méridionales du plateau d'Arménie. Il reçoit une grande partie des eaux des contrées montagneuses du Kourdistan ; son cours rapide, au travers des rochers, lui a, dit-on, valu son nom qui veut dire une flèche.

Il passe à Môsoul situé près des ruines de Ninive. A partir de ce point, il est déjà navigable pour les bateaux plats.

Son principal affluent est (r. g.) le **Zab el Kebir** qui descend des alpes du Kourdistan. Dans son bassin se trouve Erbil, l'ancienne Arbelles, où Alexandre livra sa dernière bataille décisive aux Perses (331) sur la principale route de la Perse par Kirmanchahan.

L'Euphrate et le Tigre semblent d'abord vouloir se réunir près de Baghdad, puis ils s'écartent de nouveau et finissent par confondre leurs eaux près de Korna. Ils dessinent ainsi deux longues ellipses. Le pays supérieur est la **Mésopotamie** (Djesirah des Turcs). Le pays inférieur est l'**Irak-Arabi.**

Entre les deux fleuves, en amont de Baghdad, se voient les ruines de l'ancienne muraille des Mèdes.

Dans les parties septentrionales on trouve des collines et un terrain mouvementé, fertile en céréales ; plus au sud, s'étendent des steppes immenses qui verdissent au printemps, mais offrent, la plupart du temps, un aspect désolé depuis que l'industrie des hommes ne les féconde plus par les irrigations et les laisse exposés aux envahissements de sable que le désert leur envoie avec ses vents terribles, avec ses hordes de pillards, et ses nuées de sauterelles. Dans l'antiquité, cette région était sillonnée de canaux.

L'Euphrate forme, en effet, de grandes dérivations ; il communique avec le Tigre par plusieurs bras et le Tigre, lui-même, lui envoie une partie de ses eaux par le **Chat el Haïk** (le fleuve du serpent).

Lorsque le Tigre et l'Euphrate sont définitivement réunis près de Korna (Gournah), le fleuve prend le nom de **Chat el Arab** (Pasitigre) ; il peut être comparé au Nil au Caire, puis il se rend au golfe Persique à travers une plaine fertile, cultivée, couverte de villages et d'irrigations. Le delta commence à 70 kilomètres de la côte. Un seul des nombreux bras est accessible aux navires à vapeur de haute mer qui remontent jusqu'à Basra. La marée s'y élève à 3 mètres et le fleuve a 2,000 mètres environ de large.

Basra (Bassora) est dans un climat malsain et brûlant, mais dans une avantageuse situation commerciale. Elle avait 500,000 habitants, il y a 150 ans, 100,000 encore en 1832, époque de la dernière peste. Elle n'en compte plus que 20,000.

Près de l'embouchure du fleuve, les Anglais occupent Mohammera, qui est une importante station de commerce.

De mars à juin, les inondations dues à la fonte des neiges transforment le delta en un vaste marais.

La Mésopotamie a tenu une place considérable dans l'histoire du monde et de la civilisation. Les peuples les plus civilisés de l'antiquité vivaient dans les vallées de ses fleuves. Ils nous ont légué des ruines immenses, découvertes de nos jours.

Les plus considérables de toutes sont, près de Môsoul, celles de **Ninive**, la capitale de l'Assyrie, dont l'enceinte mesure plus de 100 kilomètres, ensemble prodigieux de palais, de châteaux fortifiés, de temples et d'habitations, restés ensevelis pendant plus de 2,400 ans [1] et dont une partie des richesses architecturales a été récemment mise au jour.

---

[1] Ces ruines ont été explorées pour la première fois, en 1842, par Botta à Khorsabad. Les fouilles, continuées depuis par divers savants, principalement par M. Layard, ont fait retrouver, entre autres documents précieux, une collection de briques couvertes d'écritures cunéiformes, régulièrement classées. C'était la bibliothèque du roi Assurbanipal ; elle a fourni les données les plus intéressantes sur la langue, les mœurs, l'histoire de ces anciens peuples.

Môsoul[1] a quelque commerce et quelque industrie ; c'était au moyen âge une ville beaucoup plus importante.

Dans la partie méridionale des vallées des deux fleuves s'étendait l'empire chaldéen de **Babylone**, dont Hérodote[2] nous a donné des descriptions superbes mais peu authentiques.

La ville était située près de l'Euphrate, où se trouve aujourd'hui Hilley. Ses édifices, son temple du Soleil, sa fameuse tour ont laissé des amas gigantesques de briques cuites, car, la pierre faisant défaut, on avait demandé au limon du fleuve les matériaux de construction.

L'empire perse, qui succéda à l'empire chaldéen, comptait encore Babylone parmi ses résidences royales, et Alexandre le Grand voulait en faire le centre de l'empire du monde.

Plus tard, dans cette même région, les Séleucides fondèrent, sur les bords du Tigre, la belle cité de Séleucie ; les rois Parthes, celle de Ctésiphon qui fut aussi une résidence des Sassanides.

Plus près de nous, au VIIe siècle, les généraux d'Omar bâtirent la ville, aujourd'hui ruinée, de Koufa et, enfin, en 763, le kalife Mansour, éleva la grande ville de Baghdad, bien déchue depuis le temps des merveilleuses légendes qui charmèrent les *mille et une nuits* d'Haroun el Raschid, alors qu'elle comptait

---

[1] Môsoul a donné son nom aux étoffes légères, *mousselines*, qu'on y fabriquait.

[2] Hérodote a reproduit des traditions locales, dont les découvertes modernes ont montré l'inexactitude historique. Il est prouvé aujourd'hui que Sémiramis n'a jamais existé et il en est, sans doute, de même des fameux jardins suspendus.

deux millions d'habitants et qu'elle était divisée en 24,000 quartiers, dont chacun avait sa mosquée et ses bains. Baghdad, avec des maisons basses et des rues étroites, a une population de 60,000 habitants, dont 4,000 chrétiens et 12,000 juifs. Elle fournit un contingent d'environ 5,000 hommes, auquel s'ajoutent 10,000 cavaliers kourdes. C'est le noyau principal des forces que les Turcs pourraient réunir sur la frontière persane.

Outre les centres de population mentionnés précédemment, il faut citer : dans la haute Mésopotamie, Ourfa (l'ancienne Edesse, qui a été, jusqu'en 1144, le chef-lieu d'une principauté vassale du royaume de Jérusalem), ville de commerce de 40,000 habitants; dans le bassin supérieur du Chabur, Mardin et Nisibis. Cette dernière était une forteresse célèbre dans l'antiquité.

La partie méridionale de la région de l'Euphrate, Irak-Arabi, forme les vilayets de Baghdad (3,000,000 hab.) et de Basra (800,000 hab.).

Les nomades arabes ne sont pas comptés dans ces chiffres; on en estime le nombre à 1,200,000 environ pour toute la Turquie d'Asie.

Une grande partie des musulmans de ces provinces est schiite; il y a un archevêque catholique-romain à Baghdad et un patriarche jacobite à Môsoul.

La domination turque n'a pu tarir les richesses de ce pays privilégié. L'Euphrate, qui trace la grande route des Indes, était la voie principale du commerce de l'antiquité. Cette route est reprise de nos jours, d'abord par la navigation fluviale et, dans un avenir rapproché sans doute, elle retrouvera son impor-

tance par l'établissement de chemins de fer qui amè-
neront les produits de l'Inde, ou du moins ses marchandises précieuses et peu pesantes, dans les ports du
Levant, à Alexandrette probablement ou dans ceux de
la mer Noire à Trébizonde. C'est le but que poursui-
vent depuis longtemps les Anglais. L'ouverture du
canal de Suez a fait ajourner l'exécution de ces projets
en fournissant une route maritime moins dispendieuse;
mais le développement incessant du commerce de
l'Orient les rend d'autant plus réalisables que la construction des lignes ferrées provoquera vraisemblablement une activité nouvelle et productive dans le bassin
même de l'Euphrate.

On peut prévoir, en outre, certaines éventualités
politiques dans lesquelles le passage du canal de Suez
ne serait pas libre. Les Anglais, pour se garantir
contre ce danger, auraient donc le plus grand intérêt
à construire le chemin de fer de l'Euphrate dont ils
seraient exclusivement maîtres et dont ils pourraient
même interdire l'usage à d'autres puissances. C'était le
projet déjà ancien de lord Palmerston qui s'était montré toujours très opposé au percement de l'isthme.

Il est vrai que les Anglais ont profité plus qu'aucun
peuple des avantages offerts par le canal au commerce
des Indes, mais la route a été également ouverte à leurs
rivaux, tandis qu'ils auraient pu monopoliser le trafic
par le chemin de fer. Lorsque la ligne ferrée sera construite, on pourra se demander si l'obstruction du
canal de Suez ne servirait pas les intérêts anglais plus
qu'elle ne les compromettrait.

L'Euphrate joue donc un rôle considérable dans la
vie des populations de l'Asie-Mineure. Le gouverne-

3.

ment anglais a fait soigneusement étudier cette région, soit en vue de la construction d'un chemin de fer, soit en vue de la navigation du fleuve. C'est à ce dernier système que l'on s'est arrêté jusqu'à présent. Une grande compagnie anglaise, dont les centres principaux sont Baghdad et Mohammera, exploite l'Euphrate et ses affluents, qui offrent ainsi au commerce britannique un moyen secondaire de communication avec l'Inde.

IV

CAUCASE ET ARMÉNIE

L'énorme rempart du Caucase qui sépare l'Europe de l'Asie, a formé jusqu'au commencement du siècle la limite naturelle des domaines de l'empire ottoman dans lesquels se trouvait enclavée l'Arménie chrétienne, mais la conquête russe a dépassé cette barrière et planté son drapeau sur les hauts plateaux de l'Asie-Mineure.

Le Caucase forme une masse aussi épaisse que celle des Alpes et dont les sommets principaux sont, les monts Elbrouz (5,646 mètres), Kaschtantan (5,159 mètres) et Kasbek (5,043 mètres). Ces montagnes sont constituées par une arète granitique centrale, c'est le Caucase proprement dit que l'on appelle aussi Montagnes noires, et par une série d'arètes parallèles rebroussées qui, au sud, portent le nom général d'Anti-Caucase ou Montagnes blanches.

Ces montagnes s'affaissent vers leurs extrémités. Elles sont traversées par trois chemins principaux : à l'ouest, le mauvais chemin de la mer Noire, au centre, la route stratégique du col de Dariel (2,660 mètres), à l'est, celle de la Caspienne.

On trouve plusieurs autres passages très mauvais, dont sept à l'ouest et deux à l'est du Kasbek.

La route de la mer Noire longe la côte, passe par la série des petits ports, autrefois fortifiés, que l'on appelait les Échelles circassiennes et par lesquels se faisait le commerce

des esclaves et des femmes circassiennes vendues pour les
harems orientaux. Dans certaines parties, elle est presque entièrement détruite ; elle aboutit à Poti, à l'embouchure du Rion,
tête du chemin de fer transcaucasien et se prolonge au delà
sur Batoum, Trébizonde, etc. Au point de vue militaire, c'est
une communication précaire, exposée aux feux des bâtiments
ennemis maîtres de la mer Noire ; elle traverse dans l'Abasie
et la Mingrélie des territoires bas, souvent inondés pendant la
mauvaise saison et devient alors tout à fait impraticable. En
1855, Omer-Pacha qui avait débarqué à Soukhoum-Kalé pour
porter secours à Kars, que les Russes assiégeaient, ne put
faire avancer ses troupes à cause du mauvais état des chemins.

La deuxième route part de Vladikavkaz, tête des chemins
de fer russes et aboutit à Tiflis. La distance est de 200 kilomètres environ. Pendant l'hiver le passage est complètement
interrompu. Cette route, quoique bien construite en chaussée,
est néanmoins difficile ; (le passage de Dariel est si étroit, qu'à
l'époque romaine, il était fermé par une porte dont la garde
était confiée à une colonie militaire). Cette voie est la communication stratégique des Russes avec leurs provinces transcau-
casiennes.

Enfin, la route de la Caspienne a également une certaine
importance. Elle part d'Astrakhan à l'embouchure de la Volga,
traverse l'extrémité de la chaine dans les défilés de Derbent et
aboutit à Bakou qui est le meilleur port et l'arsenal de la Caspienne. De gigantesques murailles, flanquées de tours de
500 mètres en 500 mètres, fermaient autrefois l'extrémité
orientale du Caucase (d'où le nom de Derbent) ; on en retrouve les vestiges jusqu'au centre de la chaine.

La Russie projette de percer le Caucase par une ligne ferrée,
mais les difficultés de l'entreprise sont considérables.

Actuellement, il existe une voie ferrée de Poti et de Batoum
sur la mer Noire à Tiflis ; elle se prolonge sur la Caspienne
jusqu'à Bakou. Cette ligne se raccordera sans doute par Tauris
à celles qui pourront être construites en Perse.

On voit combien doivent être longues et difficiles les relations par les routes de terre entre la Russie et les armées qui opèrent en Transcaucasie. Elles sont d'autant plus exposées qu'une partie des populations circassiennes du Caucase est encore frémissante et prête aux insurrections. C'est donc pour les Russes un avantage considérable d'avoir les communications libres par la mer Noire. Le chemin de fer de Bakou leur permet aussi de communiquer rapidement par la Caspienne avec la Transcaucasie.

Mer Noire. — Depuis la guerre de Crimée, le centre militaire et maritime de la Russie dans la mer Noire a été placé dans la baie de Kherson, à Nicolaïev. L'entrée de cette immense rade est protégée à l'ouest par les batteries d'Otchakov sur la côte de Bessarabie, et à l'est par celles de Kinbourn sur les steppes de Nogaï.

Les fortifications de la côte de **Crimée** ont été en partie relevées. Sébastopol est remis en état de défense. Quelques ouvrages protègent aussi Soudak et Kaffa. Sébastopol est relié avec la Russie par un chemin de fer.

La côte sud-est, protégée par le rempart du Jaïla-Dagh, jouit d'un climat très doux; de nombreuses villas et maisons de plaisance y ont été construites par les grands seigneurs; le Tsar réside fréquemment à Livadia.

Plus à l'est, la mer d'**Azov** offre un abri où peuvent se réfugier les bâtiments de commerce, sous la protection des forts de Kertch, d'Iénikalé, et de Taman qui défendent le détroit.

Sur la côte circassienne, Anapa, Novorossiisk, Gelentsckik, Soukhoum-Kalé, Redout-Kalé et Poti ont été autrefois fortifiés; ce sont aujourd'hui des villes ouvertes; il existait un certain nombre d'autres forts : Tenginsk, Lasarevsk, Colonvinsk, Duche, Flori qui ont été détruits en 1855. La Russie attache avec raison une grande importance à interdire l'accès de ces ports aux flottes turques, car c'est là que la Turquie peut fournir des armes et des munitions aux populations circassiennes et fomenter leur révolte; mais, jusqu'à présent, la marine russe avait été trop faible pour lutter avec les cuirassés turcs et, dans la dernière guerre, la flotte d'Hobart-Pacha bombarda Soukhoum-Kalé; il put jeter à terre des insurgés circassiens et quelques troupes.

Soukhoum-Kalé est le point le plus abordable de cette côte. Avant la prise de Batoum par les Russes, les bâtiments de commerce y débarquaient leurs marchandises que des caboteurs transportaient ensuite à Poti, ce dernier port n'ayant pas assez de profondeur pour les grands navires.

Le versant européen du Caucase est limité par le canal naturel du Manytch, qui indique l'ancien détroit de jonction entre la mer Noire et la mer Caspienne.

Le Manytch occidental est un affluent de gauche du Don qui finit en amont de Tcherkask ; près des sources du Iegorlik, un de ses tributaires (r. g.), se trouve Stavropol, chef-lieu du gouvernement du même nom, et la ville principale de la Ciscaucasie.

Le Manytch oriental n'est guère qu'un large fossé souvent à sec, le long duquel s'égrène, jusqu'à la Caspienne, un chapelet de petits lacs. Le Manytch reçoit les eaux des avant-chaînes du Caucase.

Du massif du mont Elbrouz, descendent de nombreuses vallées qui se groupent en trois faisceaux principaux : le Kouban sur le versant de la mer Noire, la Kouma et le Terek, sur le versant de la Caspienne.

Le Terek et le Kouban en se repliant l'un à l'est, l'autre à l'ouest, dessinent un fossé, une ligne de défense naturelle en avant du Caucase, fortifiée sur des points principaux et gardée autrefois par les *Cosaques de la ligne.*

Le Terek, lui-même, ouvre la route de Dariel et passe à Vladikavkaz (le maître du Caucase), importante position militaire avancée dans les montagnes.

Les postes principaux du Terek sont Ekaterinogradsk, Mosdok, Naourskaya, Kizliar, etc.

Le Kouban descend de la tête même de l'Elbrouz. Ses

postes principaux sont Nikolajevskaja, Kavkazskaja, Ekateri-
nodar, etc.

Le versant asiatique du Caucase est limité par un long sillon longitudinal qui s'étend de la mer Noire à la Caspienne
et qui forme les vallées du Rion à l'ouest, de la Koura à
l'est.

Le **Rion** (ancien Phase) descend du Caucase, passe à Koutaïs
(l'ancienne Cyta capitale de la Colchide), et finit dans la mer
Noire, à Poti.

La **Koura** (ancien Cyrus) descend du plateau d'Arménie ;
elle passe à la forteresse d'Ardahan ; laisse à droite Akhalkalaki, à gauche Akhaltsikh qui sont les deux places par lesquelles on maîtrise l'accès du plateau de Kars, et s'engage
dans le défilé de Borjom pour tomber dans le sillon caucasien.
Elle se replie alors à l'est par Gori, Tiflis, capitale de la province russe de Transcaucasie et se dirige presque en ligne
droite sur la Caspienne.

L'**Araxe** lui amène, à droite, une grande partie des eaux de
l'Arménie.

Un chemin de fer est construit de Poti à Bakou. Il franchit
près de Souram le seuil de séparation entre la mer Noire et
la Caspienne. Il ne serait pas impossible d'y établir aussi un
canal de jonction en perçant un isthme de quinze lieues environ, mais la différence de niveau des deux mers ne permettrait pas d'établir un canal sans écluses.

Le sillon anticaucasien sépare les régions caucasiennes du
plateau d'Arménie.

ARMÉNIE

Au point de vue politique, comme on l'a vu plus haut, l'Arménie est partagée entre la Russie, la Perse, et la Turquie; mais ce pays offre une telle unité de configuration et de populations qu'il est nécessaire de ne pas en scinder la description. C'est une suite de plateaux ou de terrasses superposés. La Koura et l'Araxe en sortent au nord, le Tigre et l'Euphrate en descendent au sud; le Tchorok au nord-ouest. C'est là que se trouve le partage des eaux entre la Caspienne, la mer Noire, et le golfe Persique. On peut donc dire exactement, qu'au point de vue géographique, le plateau d'Arménie domine toute l'Asie occidentale. La puissance qui en est maîtresse est, par conséquent, appelée à jouer un rôle prépondérant dans ces contrées dont elle maîtrise les communications.

Au centre de ces terrasses, sont de grands lacs, comme celui de Sevanga en Russie, de Van en Turquie, d'Ourmia en Perse. L'énorme pyramide du mont Ararat se dresse à l'intérieur du triangle dont ces lacs marquent les sommets. Il sert lui-même de frontière aux trois États.

Des vallées sombres et profondément creusées, des masses montagneuses imposantes, un climat excessif qui passe de l'hiver le plus rigoureux à l'été le plus accablant, des plateaux stériles alternant avec des bassins merveilleux de végétation et que l'on a pu appeler le plus beau pays du monde, tels sont les caractères généraux de l'Arménie.

En partant des côtes de la mer Noire, on distingue quatre lignes successives de montagnes qui soutiennent les plateaux de l'Arménie et, en outre, une masse fort confuse de crêtes et de rameaux secondaires.

La première chaîne se dresse le long du littoral; elle a une altitude moyenne de 1800 mètres; la crête en est régulière et n'offre pas de dépressions ; les contreforts tantôt s'abaissent doucement vers la mer, tantôt plongent à pic [1].

La seconde chaîne est à 60 kilomètres environ de la précédente. Elle est beaucoup plus élevée ; ses sommets dépassent 3,000 mètres ; elle sépare la vallée de l'Euphrate de celles du Tchorok et du Kelkit (*Lycus*) tributaires de la mer Noire.

La troisième chaîne, moins continue que la seconde, est marquée par une ligne de hauteurs de 3,000 mètres qui commencent sur la rive gauche du Kara-sou (branche septentrionale de l'Euphrate) ; elle est percée par l'Araxe et se pyramide à 5,171 mètres d'altitude au mont Ararat.

Enfin la quatrième chaîne, extrêmement abrupte et irrégulière, s'allonge entre les deux bras de l'Euphrate : le Kara-sou et le Mourad-tchaï ; elle atteint 3,752 mètres au **Bingheul-dagh**. Ses ramifications forment le dédale des montagnes du Kourdistan.

Le haut plateau d'Arménie, de la possession duquel dépend, en quelque sorte, la domination de l'Asie-Mineure, est limité au sud, par la troisième chaîne, celle du mont Ararat. Sa forme est à peu près celle d'un triangle équilatéral dont la base serait formée par la chaîne du mont Ararat. La face orientale est dessinée par la haute muraille des monts **Alla-gheuz**, dont les cimes dépassent 4,000 mètres et dont l'épaisseur est de 120 à 150 kilomètres. Ils projettent de puissantes ramifications qui enveloppent le bassin du lac Sevanga.

La face occidentale du triangle est marquée par les monts d'Akhaltsikh, d'Ardahan, et le Soghanli-dagh, qui se prolongent vers le Caucase en formant la séparation des eaux entre la mer Caspienne et la mer Noire.

Aux sommets du triangle dont nous parlons se trouvent trois défilés remarquables qui sont d'importantes positions

[1] Les noms de ces montagnes d'une orthographe indécise et d'une prononciation difficile ne feraient que compliquer l'esquisse générale que nous nous proposons de faire ; c'est pour cette raison que nous nous abstenons de les donner.

militaires : au nord, les gorges de Borjom par lesquelles s'échappe la Koura et dont l'entrée est défendue par la place d'Akhaltsikh ; au sud-ouest, le défilé de Sardarabad entre les monts Allagheuz et l'Ararat, qui donne passage à l'Araxe ; nfin, au sud-est, les défilés du Soghanli-dagh ou Saganloug, que traversent les routes de Kars à Erzeroum.

L'Ararat domine majestueusement ces hautes montagnes. Il a deux sommets, dont l'un s'élève à 5,171 mètres et dont l'autre est à 3,916 mètres. Suivant la légende, c'est là que s'arrêta l'arche de Noé. D'après les anciens géographes c'était le centre du monde, et, en effet, il se trouve à égale distance de l'océan Pacifique et de l'océan Atlantique, de Pékin et des bouches du Sénégal, au milieu de la distance du cap de Bonne-Espérance au détroit de Bering.

Il est couronné de glaciers qui descendent à 1000 mètres sur ses versants. Il est d'origine volcanique. En 1840, ses cratères se sont de nouveau ouverts et plusieurs des montagnes voisines fument encore.

A ses pieds, le plateau de Kars se développe à 2,000 mètres d'altitude, celui d'Erivan à 1000 environ.

La terrasse dont le lac salé de Van occupe le centre, est à 1560 mètres ; celle du lac salé de Sevanga est à 1200 mètres.

L'Araxe, qui contourne la masse de l'Ararat du côté du nord, prend naissance non loin d'Erzeroum, passe à Koprikoï où il reçoit un affluent qui vient d'Hassan-Kalé, petite forteresse située à 6 ou 7 lieues d'Erzeroum, et point de jonction des routes de Kars et de Baïazet.

L'Araxe passe à Chorassan, à Kaghysman, franchit les gorges de Soghanli-Dagh.

Il reçoit (r. g.) l'**Arpatchaï** qui vient du nord au sud en passant à Alexandropol (Goumri) ; l'Arpatchaï reçoit (r. d.) le Kars-tchaï qui vient de Kars et dont la vallée supérieure ouvre la route d'Erzeroum.

L'Araxe laisse, sur sa gauche, Sardarabad, se grossit de la **Zima** qui arrose Erivan (le climat d'Erivan présente des écarts de température de — 40° à + 40° ; altitude 1705ᵐ) et lui amène les eaux du lac Sevanga ; il forme ensuite la frontière entre la Perse et la Russie jusque auprès de son confluent avec la Koura. Dans cette partie, il présente peu de gués et il serait impossible d'y jeter un pont militaire.

Les eaux des versants méridionaux de l'Arménie se réunissent dans le Tigre et dans l'Euphrate.

Sur le versant de la mer Noire, le cours d'eau principal est le **Tchorok** (ancien Bathys). Il prend sa source sur le revers de la deuxième chaîne à peu de distance d'Erzeroum. Il coule d'abord dans la direction est-ouest, passe à Baïbourt et ouvre la route de Trébizonde, puis il se replie, de l'ouest à l'est, par Artvin et va finir au sud de Batoum.

Il reçoit (r. d.) la rivière d'Olti, dont la vallée est suivie par la route d'Ardahan à Erzeroum par laquelle on évite la place de Kars et les défilés du Soghanli.

Les montagnes du bassin du Tchorok sont abruptes et élevées ; les rivières les traversent par des brèches profondes qui sont les seuls passages de cette région difficile.

Erzeroum étant au débouché du plateau d'Arménie, c'est le point de convergence des routes qui viennent du Caucase et de celles qui conduisent dans l'Asie-Mineure, dans la Syrie et vers le golfe Persique.

De Tiflis on peut aller à Erzeroum :

1° Par la Koura, Akhaltsikh, Ardahan, Olti ;

2° Par Akhalkalaki et Kars ; de Kars deux routes traversent le Soghanli-Dagh et se réunissent à Khorassan ; on passe ensuite à Koprikoï et à Hassan-Kalé ; de Kars une route conduit à Ardahan ;

3° Par les gorges d'Ellodora, Alexandropol et Kars ; on compte 60 kilomètres environ d'Alexandropol à Kars et 180 kilomètres de Kars à Erzeroum ;

4° Par Erivan, Sardarabad, Baïazet, Chorassan, etc. (Deux

chemins traversent les montagnes, à l'ouest de l'Ararat, entre Erivan et Baïazet.)

De Sardarabad deux routes mènent à Kars.

D'Erzeroum des routes conduisent à Batoum, par la vallée du Tchorok ; à Trébizonde, par Baïbourt.

A l'ouest d'Erzeroum, se développe le plateau d'Asie-Mineure qui a la forme d'un immense cône tronqué, dont les faces sont déchirées par les vallées escarpées des tributaires de la mer Noire et de la Méditerranée. Le centre en est nu et stérile ; on compte 80 lieues de l'est à l'ouest entre Césarée et Koutahié, 50 lieues du nord au sud entre Angora et Konia.

Au sud-ouest s'élèvent les épaisses murailles du Taurus et de l'anti-Taurus.

Les caravanes de commerce évitent naturellement la traversée du plateau ; elles en suivent les bords : au nord, par Erzeroum, Sivas, Tokat, Angora, Brousse ou Scutari ; au sud, par Césarée, Konia, Smyrne.

D'Erzeroum, on se rend aussi par Mouch à Diarbekir dans la vallée du Tigre, mais la direction la plus intéressante à étudier est celle d'Erzeroum, Kiebban-Maaden sur Alexandrette et Antioche ; c'est la ligne la plus courte par laquelle les Russes peuvent atteindre le littoral de la Méditerranée, et, par conséquent, un des objectifs principaux de leurs entreprises. Si, un jour, ils arrivent à s'établir militairement sur cette ligne, ils intercepteront tout le commerce des Indes par terre. Les Anglais surveillent avec attention leurs progrès et les entravent par tous les moyens possibles. La conquête d'Alexandrette par les Russes en leur donnant un débouché sur la Méditerranée, à peu de distance du canal de Suez, aurait une importance plus grande peut-être que la conquête de Constantinople. C'est pourquoi, avons-nous dit, l'Angleterre s'est-elle hâtée de négocier avec la Sublime-Porte l'occupation de l'île de Chypre, et s'immisce-t-elle dans les questions d'organisation intérieure des provinces de l'Asie-Mineure.

Arménie russe.

Le plateau d'Arménie, qui est la citadelle avancée de l'Asie du coté du Caucase, avait lui-même pour réduit la place de Kars et pour ouvrages avancés les forteresses d'Akhaltsikh et d'Akhalkalaki au nord, d'Alexandropol à l'est, de Sardarabad au sud-est, d'Ardahan à l'ouest. Les Russes ont pris successivement ces positions dans leurs différentes guerres, puis ils avaient consenti à en rendre quelques-unes. Enfin, Kars, dont ils s'étaient déjà emparé en 1829 et 1855, et qui leur avait coûté tant de sacrifices, est enfin resté dans leurs mains en 1878, ainsi que les principales positions fortifiées qui commandent la route d'Erzeroum.

Kars est à l'altitude de 1850 mètres ; c'est une place très forte, dont les ouvrages avancés couronnent les hauteurs voisines. C'est de là que les Russes prendront dorénavant leur élan pour descendre dans la région de l'Euphrate.

Pierre le Grand avait déjà porté les limites de son empire sur l'Araxe (1723-1723), mais sous Catherine, les Russes durent se retirer jusqu'au Terek (1732-1735) ; c'était l'époque de l'apogée de la puissance de Nadir-Schah, le grand conquérant persan.

Plusieurs expéditions eurent lieu dans les années suivantes pour porter secours aux chrétiens de la Géorgie ; enfin, en 1798, Héraclius, le dernier roi légua ses états aux Tsars. Son fils, Georges, ne régna que sous leur suzeraineté ; puis ils annexèrent définitivement le pays. De nombreuses guerres avec l'Empire ottoman et avec la Perse firent varier les frontières et accrurent peu à peu le domaine de la Russie.

Le traité de Bucarest (1812) reconnut à la Russie la possession de la Géorgie, de la Mingrélie, de l'Abasie et de la Circassie.

Par le traité de Goulistan (1813), la Perse céda le Daghestan.

En 1827, les Russes enlevèrent à la Perse Sardarabad, Erivan, Tauris. Ils restituèrent Tauris.

Les derniers traités, qui fixent les limites, sont ceux de **Turkmantchaï** (1828) avec la Perse, et de **Berlin** (1878) avec l'Empire ottoman.

La lieutenance du Caucase comprend actuellement :

La Ciscaucasie et la Transcaucasie.

La population totale est estimée à 5,400,000 habitants, dont environ la moitié de musulmans et la moitié d'orthodoxes grecs ; on compte 820,000 Arméniens et 18,000 juifs [1].

La population du Caucase offre une infinie variété de types, depuis les Abazes, race grêle, au front déprimé, vraisemblablement d'origine mongole, jusqu'aux Lesghes et aux Géorgiens, les plus beaux hommes de la race blanche. On dirait que toutes les tribus sorties de l'Asie, pour conquérir ou pour coloniser l'Europe, ont laissé quelques épaves sur ces montagnes qui brisaient leurs marches d'invasion comme une digue protectrice brise les flots de l'Océan. Pline raconte que, de son temps, il ne fallait pas moins de 130 interprètes pour se faire comprendre dans la ville de Dioscurias. Cependant, depuis la conquête russe, une certaine unité s'établit parmi ces peuples, d'autant que les plus énergiques d'entre eux et particulièrement les Circassiens [2] musulmans (Tcherkesses) ont émigré au nombre de 300,000 pour fuir le joug du vainqueur. Le gouvernement turc les avait campés près de Batoum ; quelques-uns avaient reçu, comme nous l'avons dit précédemment, des terres en Bulgarie. La guerre de 1878 les a dispersés de nouveau. Un grand nombre étaient déjà morts de misère. De cette forte nation, il ne reste plus que quelques groupes isolés.

Parmi les populations les plus notables du Caucase, on compte 300,000 Géorgiens, de belle race. Les Circassiennes

---

[1] Tous les chiffres de statistique, qui se rapportent à ces régions, ne donnent qu'une fort grossière approximation.

[2] Les Circassiens parlent un dialecte tartare qu'ils écrivent avec des caractères arabes (Beaujour).

et les Géorgiennes étaient autrefois très recherchées par les harems orientaux autant pour leur grâce physique que pour leur culture intellectuelle et pour leurs bonnes manières. Certains chefs mêmes (entre autres le prince d'Imérétie) étaient tenus d'envoyer chaque année à Constantinople un tribut de jeunes garçons et de jeunes filles.

Les Arméniens sont au nombre de 800,000 environ et forment une société tout à fait distincte.

L'ancien royaume d'Arménie a disparu, mais par l'unité de religion, de langue, et de littérature, par leur caractère fortement individualisé, les Arméniens subsistent toujours comme peuple distinct. Au VIe et au VIIe siècle, l'église arménienne se sépara de l'église grecque orthodoxe ; sa métropole est à Echmiadsin près d'Erivan. Environ un dixième de la population est de religion catholique romaine et a pour centre le couvent de Saint-Lazare, à Venise.

Les Arméniens ont des aptitudes spéciales pour le commerce. Ils émigrent en grand nombre en Turquie, en Perse, aux Indes, sur les côtes de la Méditerranée, jusqu'en Autriche. A bien des points de vue, ils ressemblent aux Israélites, mais ils ont été généralement assez habiles pour ne pas exciter contre eux l'animadversion des populations au milieu desquelles ils vivent sans se mêler à elles.

On a estimé le nombre total des Arméniens à 6 millions, ainsi répartis : Turquie, 3,800,000 ; Russie, 1,800,000 ; Perse, 200,000 ; Indes et Chine, 40,000 ; Autriche-Hongrie, 30,000 ; dispersés, 100,000.

Maîtres depuis longtemps de la Géorgie, les Russes ont eu de longues luttes à soutenir pour dompter les populations du Caucase. En 1856, après la guerre de Crimée, les opérations furent reprises et conduites avec une grande énergie. Schamyl, le héros de la défense, ne se rendit qu'en 1859 (6 septembre) et ce ne fut qu'en 1864 que la soumission des montagnes fut achevée.

La Ciscaucasie comprend :

Le gouvernement de Stavropol, le district du Terek et le district de Kouban.

La Transcaucasie comprend :

1° Le district de la mer Noire : Anapa, place forte et Novorosiisk ;

2° Le district de Soukhoum ; le chef-lieu, Soukhoum–Kalé, est le meilleur port de cette côte.

Dans les environs se trouvent les ruines de la ville célèbre de Dioscurias.

3° Le gouvernement de Koutaïs, qui correspond à la Mingrélie et à l'Imérétie. C'est l'ancienne Colchide ;

Koutaïs (Cyta) était la ville de Médée. Sur la côte, les localités notables sont : Redout-Kalé, Poti à l'embouchure du Rion, mauvais port, très insalubre, important comme tête du chemin de fer de Tiflis.

4° Le gouvernement de Tiflis ;

Tiflis, 90,000 habitants, est la ville la plus importante, la capitale de la Transcaucasie, le centre du commerce et le centre militaire du pays.

5° Le district de Sacataly, sur le versant méridional du Caucase ;

6° Le territoire de Kars ;

7° Le territoire de Batoum ;

8° Le gouvernement d'Erivan, avec Echmiadsin métropole religieuse des Arméniens ; Erivan a 12,000 habitants ;

9° Le gouvernement d'Elisavetpol ;

10° Le gouvernement de Bakou ; Bakou, 15,000 habitants, est le principal port et l'arsenal militaire de la Caspienne, près des sources de naphte qui sont l'objet d'une grande exploitation.

11° Le territoire du Daghestan (ch. l., Temir-khan-Choura), avec les ports fortifiés de Derbent et de Petrovsk.

Arménie turque et persane.

La ville principale de l'Arménie turque est **Erzeroum**, à environ 6 kilomètres de l'Euphrate. Elle compte 60,000 habitants. Située à une altitude de 2,000 mètres, son climat est rigoureux, mais salubre. Les environs sont fertiles et suffisent, non seulement aux besoins de la population, mais aussi à ceux des nombreuses caravanes qui s'y rendent. C'est, en effet, un important point de croisement des routes et l'entrepôt principal des marchandises entre l'Europe et la Perse. La ville a une enceinte bastionnée d'un périmètre de 12 kilomètres et des forts détachés.

Au pied du mont Ararat : Baïazet (5,000 hab.), place forte, commande la route d'Erivan à Erzeroum.

Van, sur la frontière de Perse et sur les bords du lac du même nom, est sur l'emplacement d'une ancienne cité, dont on attribuait la fondation à Sémiramis. C'est une ville forte avec 35,000 habitants, au point de jonction des routes de Baïazet, de Tauris par les défilés de Kotur et d'Ourmia.

Diarbékir, sur les bords du Tigre, place fortifiée était autrefois beaucoup plus importante. Elle est à la limite du Kourdistan et du territoire que parcourent les Arabes, sur le chemin des caravanes qui remontent le Tigre pour se rendre à Trébizonde et sur celui que suivent celles qui vont d'Alexandrette en Perse.

Les Kourdes habitent dans les montagnes de l'un et de l'autre côté de la frontière; ce sont des guerriers estimés et d'une grande énergie; quelques-uns vivent à l'état nomade et sont des pillards redoutés. On en estime le nombre à 1,800,000 environ.

Au sud du lac de Van, sont les tribus des Nestoriens qui forment une secte chrétienne distincte et passent pour plus barbares que les Kourdes mêmes. Ils sont au nombre de 150,000 environ.

L'Arménie persane forme la province d'Aderbeidjan. C'est une contrée montagneuse, habitée en partie par les Kourdes. Son chef-lieu est Tauris (Tebriz), grande et belle ville de plus de 100,000 habitants, dont beaucoup d'Européens, principal entrepôt du commerce entre l'Europe et la Perse. La petite forteresse de Khoï commande les routes de Baïazet et de Van.

A l'ouest du lac d'Ourmia, se trouve la ville du même nom, centre d'un district fertile et bien peuplé.

Campagnes des Russes en Arménie.

Entrer dans le détail des opérations que les Russes ont conduites en Arménie dans les campagnes de 1828, 1854, 1877 nous entraînerait au delà des limites que nous sommes obligé de nous imposer. Nous ferons remarquer seulement que la configuration même du pays commande la direction de ces opérations qui ont été menées dans ces trois campagnes d'après un plan à peu près identique.

Kars d'abord, Erzeroum ensuite étaient les objectifs naturels des Russes, et l'on a vu, par la description qui précède qu'Erzeroum est le point de convergence des routes venant du Caucase. A leur droite, les Russes avaient la route de la côte par Poti, Batoum, et le Tchorok ; au centre, le réseau des chemins de Tiflis à Erzeroum, par Ardahan, Olti, et par Kars, Soghanli-Dagh ; à leur gauche, la route d'Erivan à Baïazet se continuant sur Erzeroum par Djadin et la vallée du Mourad-tchaï.

Leurs colonnes devaient suivre simultanément toutes ces routes pour se protéger l'une l'autre et empêcher l'ennemi de tourner les ailes ; c'est en effet ce qui eut toujours lieu.

Campagnes de 1828 à 1829. — **En 1828,** les Russes possédaient Alexandropol, mais ils n'avaient ni Akhalkalaki, ni Akhaltsikh. La colonne du centre conduite par Paskievitch marcha d'Alexandropol sur Kars, tandis que des colonnes secondaires flanquaient ses ailes. Kars ayant été enlevé (23 juin), Paskiévitch se reporta en arrière par la vallée de la Koura et prit successivement Akhalkalaki et Akhaltsikh (15 août) après avoir battu les armées turques envoyées au secours de ces places.

Pendant l'hiver, les Russes se fortifièrent dans leurs conquêtes.

En 1829, l'offensive fut prise par les Turcs qui assiégèrent Akhaltsikh ; Paskievitch porte secours à la garnison, bat les Turcs, se concentre entre Kars et Ardahan, bat encore deux armées turques, envoyées d'Erzeroum, marche ensuite sur Hassan-Kalé dont il s'empare, et arrive, le 26 juin, devant Erzeroum, qui capitule le lendemain.

Il se dirige alors sur Trébizonde, enlève Baïbourt (7 juillet), inflige une nouvelle défaite aux Turcs ; mais le mauvais état de la route l'empêchant d'emmener plus loin la partie pesante de sa colonne, il se replia sur Erzeroum. La paix d'Andrinople, signée peu après, laissa Akhaltsikh et Akhalkalaki aux Russes.

Campagnes de 1853 à 1855. — **En 1853**, les Turcs prennent l'offensive. Deux colonnes parties de Kars se portent sur Akhaltsikh et Alexandropol ; mais elles sont battues. L'hiver met fin aux hostilités.

En 1854, les Russes attaquent Kars en dirigeant leurs principales forces d'Alexandropol sur Kars, pendant qu'un corps secondaire se portait d'Erivan sur Baïazet et sur le Mourad-tchaï, menaçant les communications et la ligne de retraite de l'armée turque de Kars. Mais le soulèvement des populations du Caucase conduit par Schamyl, qui venait de remporter d'importants avantages, arrêta la marche des Russes.

En 1855, rassurés sur leurs derrières, les Russes, assiègent Kars ; la place est bientôt complètement investie ; défendue par le général anglais Williams, elle fut réduite par la famine et ne capitula que le 25 novembre, après plusieurs assauts et cinq mois de blocus. Pendant ce siège, Omer-Pacha débarqua à Soukhoum-Kalé avec 45,000 hommes, espérant porter secours à cette énergique garnison ; mais l'état des chemins entrava sa marche ; il se contenta de faire une démonstration insignifiante sur Koutaïs, dans la vallée du Rion.

Campagnes de 1876 à 1878. — L'armée russe du Caucase comptait environ 200,000 hommes, 40,000 chevaux, 400 pièces attelées, sous les ordres du grand-duc Michel.

L'armée turque commandée par Moukhtar-Pacha, forte de 150,000 hommes, 10,000 chevaux, 250 pièces, était divisée en trois corps : au centre le corps principal (Moukhtar-Pacha), à droite le corps du Kourdistan (Faïd-Pacha), à gauche le corps de Batoum (Hassan-Pacha).

Les opérations commencèrent le 24 avril 1877.

Le centre de l'armée russe (général Loris Melikov), se porta d'Alexandropol sur Kars et l'investit, tandis qu'une colonne de droite marchait sur Ardahan et s'en emparait de vive force après un bombardement (18 mai).

A l'extrême gauche, un corps (général Tergoukasov) se portait d'Érivan sur Baïazet et enlevait la place.

A l'extrême droite, un corps marchait sur Batoum ; mais il se trouvait arrêté autant par les difficultés du pays que par le chiffre des troupes qui lui étaient opposées.

Le gros des forces turques avec Moukhtar-Pacha se tenait entre Erzeroum et Kars, près des défilés du Soghanly-Dagh.

Les Russes masquèrent Kars et firent converger leurs colonnes sur le Soghanly-Dag.

Le corps de droite marcha sur Olti et s'en empara sans coup férir.

Le corps de gauche (Tergoukasov) marcha sur Toprak-Kalé que les Turcs évacuèrent.

Moukhtar-Pacha, menacé d'être tourné, abandonna les défilés du Soghanly-Dag et prit position plus en arrière, près de Zevin.

Cependant Tergoukasov, continuant son mouvement, repoussait les Turcs, livrait un combat meurtrier et entrait à Delibaba.

Il était sur le point d'opérer sa jonction avec le corps du centre, lorsqu'il eut à soutenir l'effort de la majeure partie des forces turques (combat d'**Halijas, 25 juin 1877**), et obligé de battre en retraite.

C'est en vain que pour le dégager, le corps du centre (Loris Melikov) attaquait le même jour (25 juin), les positions de **Zevin**. Il échouait devant une série de retranchements opiniâtrement défendus et se trouvait lui-même compromis.

La situation était grave; des insurrections se développaient dans le Caucase. La flotte turque s'était emparée de Soukhoum-Kalé et y débarquait des émigrés circassiens qui allaient fomenter une redoutable levée de boucliers sur les derrières de l'armée russe. Les troupes était affaiblies par les fatigues et le feu de l'ennemi. Le commandant de l'armée russe leva le siège de Kars, renvoya son parc à **Alexandropol** et concentra ses forces.

Le succès des Turcs dans cette première partie de la campagne était considérable. Le sultan décerna à Moukhtar-Pacha le titre de *Ghazi* (victorieux).

A l'aile droite des Turcs, le corps du Kourdistan était entré en ligne et s'était emparé de Baiazet, à l'exception de la citadelle dans laquelle quelques compagnies résistèrent énergiquement.

Tergoukasov continuait sa retraite emmenant avec lui plus de 3,000 familles chrétiennes qui s'enfuyaient pour échapper à la barbarie des Turcs. Il arriva à Igdir le 5 juillet, les mit en sûreté et se reporta immédiatement au secours de la petite garnison de Baiazet; il la dégagea après avoir infligé une défaite complète aux assiégeants. Elle avait héroïquement résisté pendant vingt-trois jours à plus de 13,000 hommes et supporté les plus dures privations.

L'armée russe se reposa et se réorganisa pendant les mois

de juillet et d'août. Ellè reçut d'importants renforts tandis que ses adversaires s'affaiblissaient par les maladies et la difficulté des ravitaillements. Les insurrections du Caucase, qui avaient pris une grande extension, purent être circonscrites.

Moukhtar-Pacha n'osait, de son côté, prendre une offensive énergique.

Le 25 août seulement, il attaqua, sans succès, le gros de l'armée russe, puis il se replia sur les positions d'Aladja, en avant de Kars, où il se fortifia.

Le mois de septembre ne fut marqué que par des combats de détails ; enfin, au commencement d'octobre, les Russes reprirent le mouvement en avant et commencèrent l'attaque des fortes positions d'**Aladja** (2 au 15 octobre). Le général Lazarev les tourna par un vigoureux mouvement de flanc, tandis que le grand-duc Michel les attaquait de front. La journée du 15 octobre fut décisive et le désastre des Turcs complet.

Moukhtar-Pacha se retira avec les débris de son armée sur Kars, puis sur le Soghanly-Dagh, où il avait battu les Russes quatre mois auparavant.

Il put être rallié par son corps de droite (Ismaïl-Pacha) qui faisait face à l'extrême-gauche russe (Tergoukasov), mais ne s'y arrêta pas. Il prit position à Kœprikoï, à la jonction des routes de Kars et de Baïazet, puis à **Hassan-Kalé** (58 kil. d'Erzeroum) où son arrière-garde fut attaquée à l'improviste et bousculée par Tergoukasov (28 octobre).

Il se replia alors sur le défilé de **Dévéboyoun** qui ferme à l'est la plaine d'Erzeroum et forme une solide ligne de défense. Les Russes l'y atteignirent, et l'attaquèrent le 4 novembre.

Après un combat de dix heures, les Turcs abandonnèrent leur camp et 40 canons. Ce fut le coup de grâce. Erzeroum était découvert ; mais les fatigues, le mauvais temps, les neiges ne permirent pas aux Russes de profiter immédiatement de la panique de l'armée turque.

Quelques jours après, dans la nuit du 9 novembre, ils espé-
rèrent se rendre maîtres d'Erzeroum par surprise. Cette tentative ne réussit pas.

Cependant, tandis qu'ils poussaient activement leur offensive, les Russes avaient repris le blocus de **Kars**.

Le grand-duc Michel décida d'enlever la forteresse de vive
force. L'entreprise était téméraire. Dans la nuit du 18 au
19 novembre un assaut général fut donné par 39 bataillons,
avec une ardeur héroïque, les ouvrages enlevés, et la garnison tout entière (17,000 hommes, 300 canons) tomba entre
leurs mains. Cet exploit, qui eut un grand retentissement en
Europe, leur coûta 2,300 hommes tués ou blessés.

Ainsi, en moins de cinq semaines, les Russes avaient rem-
porté les victoires d'Aladja et de Dévéboyoun, pris d'assaut Kars et terminé la campagne, car la prise d'Erzeroum
n'était plus qu'une affaire de temps.

Le **traité de Berlin** (13 juillet 1878) a déterminé
les frontières actuelles de la Russie dans l'Asie-Mineure.
La ligne frontière, partant d'un point au sud-ouest de
l'embouchure du Tchorok, coupe ce fleuve en amont
d'Artvin, descend au sud, laisse à la Russie Olti et les
défilés du Soghanli-Dagh, coupe l'Araxe, et se confond
avec l'ancienne limite en suivant la chaîne de l'Ararat.

La frontière russo-persane fixée, comme nous l'avons
dit, par le traité de Turkmantchaï (1828) suit le cours
de l'Araxe et laisse à la Russie une grande longueur de
la côte de la Caspienne au sud des bouches de la Koura.

Malgré l'opposition de l'Angleterre, la Russie a tenu
à conserver Batoum, tout en promettant d'en faire

un port franc ; elle ne respecte plus cette clause et, depuis 1886, des fortifications y sont commencées. Batoum n'est qu'un misérable village dans un territoire malsain ; mais son port est, après Sinope, le meilleur de la côte. Il deviendra nécessairement pour les Russes une excellente base d'opérations qu'ils ont reliée par un embranchement au chemin de fer de la Caspienne.

Les Russes n'ont pas exigé la cession d'Erzeroum malgré la grande importance de cette position ; ils ont même consenti à abandonner Baïazet qu'ils avaient d'abord eu l'intention de conserver ; néanmoins le tracé actuel de leur frontière leur assure une grande supériorité militaire sur les Turcs. Leur nouvelle base fortifiée est désormais tracée par les places de Sardarabad, Kars, Ardahan, Batoum.

Alexandropol, Akhalkalaki, et Akhaltsikh, qu'ils possédaient depuis 1829 (traité d'Andrinople), deviennent places de seconde ligne. Toutes ces positions sont très fortes par elles-même et, comme le prouve l'histoire des guerres de 1828, 1854 et 1877, elles sont susceptibles d'une résistance d'autant plus prolongée que l'état des chemins permet difficilement d'amener un matériel d'artillerie de gros calibre.

Enfin la Russie a fait céder à la Perse le territoire et la ville de Kotur.

ÉGYPTE

MER ROUGE ET ABYSSINIE

Côtes africaines de la Méditerranée. — On a long-temps donné aux côtes africaines de la Méditerranée, l'Egypte exceptée, le nom de Côtes barbaresques, et on a même tenté de faire revivre le nom de Berberie.

Ces côtes se partagent entre plusieurs États musulmans, autrefois sous la domination des sultans de Constantinople, mais cette situation s'est entièrement modifiée depuis un demi-siècle.

L'Égypte, habitée par une population douce, courbée depuis la plus haute antiquité sous l'autorité despotique de ses maîtres, a formé, sous des princes actifs et ambitieux, une vice-royauté presque indépendante ; puis elle est devenue, par une succession de circonstances complexes, une sorte d'État sans nationalité, occupé par une armée anglaise, administré par des fonctionnaires anglais et français, gouverné nominalement par un prince, dans les conseils duquel siègent des représentants du sultan.

La Tripolitaine, qui était autrefois une province tributaire, est tombée, depuis 1835, sous l'administration directe de la Sublime Porte ; elle forme un vilayet de l'Empire ottoman.

La Régence de Tunis, qui a échappé au même sort, est aujourd'hui sous le protectorat de la France, et voit s'ouvrir devant elle une ère de prospérité jusqu'ici inconnue.

La Régence d'Alger est devenue terre française.

Le Maroc reste isolé et sauvage ; ses tribus, sans cesse en lutte les unes contre les autres, ou en insurrection contre leur sultan, vivent dans un fanatisme farouche, incapables d'entrer en contact avec la civilisation des peuples européens qui cependant les sollicitent par leurs diplomates, leurs officiers, leurs voyageurs, leurs négociants.

Le Maroc est autant que l'Afrique centrale, *terra incognita.*

Sur toutes ces côtes d'où s'élançaient jadis les corsaires musulmans, les minarets s'effondrent ; le Croissant s'efface, non plus seulement devant la Croix chrétienne, mais surtout devant le libéralisme et l'activité modernes. C'est la reconquête du sol, *ense et aratro*, que la France, héritière de la Rome antique, a commencée sur cette ancienne terre latine, et non plus une croisade religieuse et militaire.

L'Arabe n'a pas encore désarmé, mais ses insurrections ne sauraient plus être que des révoltes momentanées.

Campé au milieu de ces nombreuses ruines latines couvertes d'inscriptions qu'il ne peut comprendre et qui sont pour le Français des titres attestant les droits anciens de sa race, l'Arabe se dit que le *Roumi* (le Romain) revient prendre possession de terres qui ont appartenu à ses pères.

Mais si la race guerrière et superbe qui s'était donné la mission d'imposer la loi de Mahomet s'est épuisée ; si son sang s'est appauvri, et si ses fils sont condamnés à l'impuissance, à la voix des prophètes de l'islam s'éveillent maintenant des peuples nouveaux, innombrés encore, barbares rendus peut-être plus barbares par une doctrine impitoyable. C'est là le danger.

Qu'adviendra-t-il si, un jour, les masses noires du centre de l'Afrique s'ébranlent et se jettent sur les terres fertilisées de la bordure méditerranéenne ?

Un premier glas d'alarme vient de se faire entendre dans la vallée du Nil.

Égypte.

« De toutes les contrées du globe, l'Égypte est la mieux située pour acquérir l'empire du monde et des mers. Leibnitz écrivait à Louis XIV : J'ose dire qu'on ne peut rien concevoir de plus grand que cette conquête, et que, dans tout ce qui est grand, il n'est rien de plus facile. Cette entreprise, déjà tentée par vos ancêtres, assure à jamais la possession des Indes, le commerce de l'Asie et la domination de l'univers. »

Bonaparte, voulant frapper l'Angleterre au cœur, ne s'égarant pas encore dans les rêves funestes de domination européenne, ayant, au contraire, une juste prescience de l'avenir qu'offrait la domination des Indes, tourna ses regards vers l'Égypte, et si l'on se reporte aux circonstances dans lesquelles fut entreprise cette conquête, avec les lenteurs et l'incertitude de la navigation à voile, les difficultés de transport d'une armée, l'insécurité des routes maritimes que coupaient les croisières anglaises, on jugera de l'importance qu'il attribuait au but à atteindre, en mesurant les efforts qu'il déploya pour y arriver.

Mal secondé par un gouvernement chancelant que secouaient les tourmentes de la politique intérieure, tandis que l'Angleterre, sentant déjà sur elle le fer de l'ennemi, multipliait ses flottes, détruisait les nôtres, versait son or pour solder les armées turques, ameutait l'Europe, Bonaparte échoua.

Pour son malheur et celui de la France, il se laissa dès lors entraîner dans un tourbillon de guerres européennes, dans lequel, au milieu des éclats d'une gloire stérile, son génie devait sombrer dans le plus terrible des désastres. Il ne cessait cependant de regarder vers l'Orient ; et souvent, sans doute, au milieu même de ses victoires, devait-il frémir de son impuissance.

L'expédition d'Égypte laissa cependant des traces profondes dans le pays.

Lorsque les princes, qui le gouvernaient, songèrent à se rendre indépendants de la Porte, qu'ils voulurent organiser une armée, fonder des industries, développer les richesses, augmenter leur puissance, ce furent des officiers, des ingénieurs, des savants français qu'ils eurent pour auxiliaires ; aussi l'influence française grandissait-elle pacifiquement.

Après les guerres heureuses de 1855 et de 1859, la France paraissait la plus puissante des nations européennes ; l'Égypte gravitait dans son orbite. C'est alors qu'un Français concevait l'entreprise grandiose du canal de Suez, et la menait à bonne fin, malgré les difficultés inhérentes à l'œuvre elle-même et les obstacles multiples que lui suscitait l'opposition des Anglais.

En effet, quels que fussent les avantages que l'ouverture de cette voie maritime pouvait lui procurer, l'Angleterre calculait qu'elle était menacée de perdre le monopole du commerce avec l'Asie orientale. Elle était, comme elle l'est encore, seule maîtresse des routes des Indes, par le cap de Bonne-Espérance, puisque, seule, elle possède sur cette route des ports de relâche et des dépôts de charbon.

Le trajet de ses navires par Suez allait être raccourci de 49 p. 100, mais celui des navires partant des ports de France et d'Italie le serait de 50 à 52 p. 100 ; celui des navires partant de la Turquie le serait de 60 p. 100, et il lui semblait « que les marchands anglais allaient maigrir de tout l'embonpoint d'autrui. »

Enfin, elle projetait déjà la construction d'un chemin de fer par l'Euphrate, et cette ligne devait être une propriété exclusivement anglaise.

Sa mauvaise volonté prenait même une forme aiguë ; une démonstration était faite devant Alexandrie, et elle entraînait la Prusse dans son opposition, lorsque le canon de Magenta et de Solférino vint faire rentrer dans un calme contenu les Anglais et leurs alliés ; aussi, « peut-on dire qu'il y a du sang français dans le canal de Suez. »

Le canal fut enfin achevé et l'inauguration de cette grande œuvre de paix se fit à la veille même de la grande guerre qui allait porter des coups si sensibles à la puissance française.

Plus que toute autre nation, l'Angleterre a tiré profit et avantage de la création du canal de Suez ; depuis, tous ses efforts tendent à s'en rendre maîtresse.

Profitant des embarras financiers du khédïve, elle a pu acquérir une part importante des actions, ce qui lui assure une influence notable dans la direction et l'administration du canal ; elle s'est vue pourtant obligée de partager avec la France la tutelle administrative de l'Égypte, et elle a accepté les conditions d'un condominion.

Puis, elle a voulu entraîner la France dans une action militaire commune dans laquelle elle eût naturellement réservé à nos troupes les difficultés d'une expédition sur la terre ferme et les embarras résultant de l'excitation du fanatisme musulman, tandis que ses flottes eussent fièrement montré le pavillon anglais sur toutes les côtes et le long du canal.

On a diversement apprécié les conséquences de l'abstention de la France.

Sans entrer dans cette discussion, on peut néanmoins faire observer que les intérêts français et anglais sont en opposition en Égypte comme partout ; qu'en Égypte, tous les partis, principalement celui qui s'intitulait le Parti national, et que l'Angleterre voulait détruire, manifestaient leurs sympathies pour la France en même temps que leur hostilité contre l'Angleterre ; que, dans ces conditions, une alliance franco-anglaise manquait non seulement de base, mais devait être contraire aux intérêts français.

L'Angleterre, par suite même des difficultés qu'elle a rencontrées, et que personne n'avait prévues, a été amenée à établir sur l'Égypte une sorte de dictature militaire dont il est impossible de préjuger la durée ; mais peut-on dire dans quelles conditions la France eût pu partager cette dictature et en supporter les périls ?

Si, sans vouloir se laisser entraîner dans l'expédition militaire, vers laquelle la poussait l'Angleterre, la France, jalouse de maintenir sa part d'influence en Égypte et de ne pas laisser la place libre à sa rivale, y avait porté son drapeau, elle aurait nécessairement dû maintenir la neutralité du canal. Quelles eussent été les conséquences du conflit qui en serait résulté avec les Anglais? Il est donc injuste de dire que la France a volontairement méconnu ses droits et ses intérêts en Égypte, mais elle s'est trouvée en présence d'une situation de laquelle il lui était sans doute difficile de se dégager sans une rupture avec l'Angleterre.

Les Anglais paraissent donc, actuellement, militairement maîtres du canal, ce qui ne veut pas dire que la libre disposition puisse leur en être, dans tous les cas, exclusivement assurée en cas de guerre maritime. A cet égard, rien n'est changé, et, en dépit de tout traité, le canal appartiendra à la puissance dont les flottes seront assez rapides et assez audacieuses pour en occuper les débouchés.

Ce que les Anglais ont réalisé en pleine paix européenne, et sans protestation de l'Europe, ils l'eussent très certainement fait le jour où ils auraient eu quelque inquiétude de guerre ; toute autre puissance est encore en position de le faire, par un coup de main, précédant une rupture diplomatique.

Quant aux conséquences de l'obstruction du canal, il faut reconnaître que, si graves qu'elles puissent être pour l'Angleterre, il lui resterait les routes du Cap, où, comme nous l'avons dit, elle a des dépôts de charbon échelonnés à l'île de l'Ascension, à Sainte-Hélène, au Cap, à l'île Maurice ; tandis que les navires français n'auraient aucune escale depuis les côtes du Congo jusqu'à l'île de la Réunion, et que ceux des autres nations ne pourraient plus guère naviguer sur ces mers sans la tolérance de l'Angleterre et de la France.

Si le chemin de fer de l'Euphrate, projeté depuis si longtemps par les Anglais, était ouvert, l'obstruction du canal aurait des conséquences moins graves pour le commerce des puissances européennes dans l'Extrême-Orient ; car, même en occupant toute l'Asie-Mineure, comme elle occupe l'Égypte, comment l'Angleterre pourrait-elle interdire l'usage de cette voie ferrée au commerce des puissances neutres ?

Enfin, le voisinage des Russes, maîtres de la haute Arménie et prêts à marcher sur Alexandrette par l'Euphrate, n'est pas sans inquiéter l'Angleterre, aussi paraît-elle hésiter maintenant à entreprendre la construction de cette voie ferrée qui pourrait être coupée ou utilisée par ses adversaires ou ses rivaux, dont il lui serait impossible de se réserver l'emploi exclusif, et qui faciliterait, au contraire, à ses concurrents l'accès des mers des Indes et de la Chine.

Depuis l'embouchure du Nil, vers le 32° de latitude jusque vers le 15°, la vallée du Nil, les oasis qui bordent le désert de Libye à l'ouest, et les côtes occidentales de la mer Rouge sont soumises à l'autorité du khédive, que des liens de vassalité actuellement fort détendus rattachent à la Sublime-Porte.

Il y a quelques années, des conquêtes nouvelles avaient amené l'annexion de territoires considérables dans la haute vallée du Nil ; une formidable insurrection de Soudaniens a fait perdre ces conquêtes et continue à menacer la sécurité de l'Égypte elle-même.

L'Égypte, fertilisée par le Nil, a été l'un des plus anciens et des plus riches empires du monde. Des documents lapidaires certains font remonter son histoire à 4,000 ans avant J.-C. et témoignent d'une civilisation très avancée.

Il est intéressant de remarquer que, depuis l'époque la plus reculée jusqu'à nos jours, toutes les fois que l'Égypte a obéi à des princes puissants, leurs conquêtes s'étendaient simultanément vers la Syrie d'une part, vers la haute vallée du Nil de l'autre.

Mais l'Égypte était aussi une proie toujours convoitée par les conquérants de l'Europe et de l'Asie. Pays intermédiaire entre la Méditerranée et les mers des Indes, entre l'orient et l'occident de l'ancien monde, tous les peuples ont un grand intérêt à ce que la route soit libre et sûre à travers l'isthme qui rattache l'Égypte à l'Asie. Ils ne peuvent permettre à l'un d'eux d'y commander en maître ; ils ne peuvent permettre non plus qu'il s'élève aux bouches du Nil, hors de leur influence, un État qui pourrait leur devenir hostile, menacer leurs intérêts, ou compromettre par sa mauvaise administration la sécurité de leur commerce.

Cambyse avait imposé à l'Égypte le joug des Perses (525) ; Alexandre le Grand l'en délivra (332). L'un de ses généraux, Ptolémée, fonda ensuite une dynastie célèbre sous laquelle les arts et les sciences prirent un grand développement. Cette dynastie s'éteignit avec Cléopâtre (30 ans avant J.-C.) et l'Égypte devint province romaine.

Le christianisme y fit de rapides progrès, mais, au milieu

du VIIe siècle, la conquête arabe ruina les églises et rattacha l'Égypte à l'empire des kalifes, dont elle partagea les péripéties.

Vers la fin du moyen âge, les *Mamelouks* formaient une milice, qui, par son courage, avait acquis une importance considérable et qui dominait le pays[1]. En 1500, ils durent reconnaître l'autorité de la Porte, mais néanmoins leurs beys se maintinrent indépendants de fait vis-à-vis des lieutenants du sultan.

Ce furent eux que Bonaparte eut à combattre en 1798, lorsqu'il alla conquérir l'Égypte dans le but d'atteindre la puissance anglaise en Orient.

En 1801, l'Égypte redevint province turque. Dès cette époque commence l'évolution politique à l'une des phases de laquelle nous assistons actuellement.

En 1806, un homme d'une grande intelligence et d'une grande énergie, **Mehemet-Ali,** d'origine rouméliote, profitant des désordres intérieurs et de la lutte des pachas contre les Mamelouks, se créa un parti puissant dans le peuple; il se fit proclamer gouverneur du Caire. Puis, se proposant d'abord de ruiner l'influence des Mamelouks, il réunit leurs chefs dans une fête et fit massacrer 470 d'entre eux (1811).

Peu à peu, il se rendit à peu près indépendant de la Porte. Il augmenta son territoire par des guerres contre les Ouahabites d'Arabie et contre les Nubiens, organisa son armée à l'européenne avec l'aide d'officiers français, et s'efforça d'introduire dans le pays la civilisation et la culture des peuples

---

[1] Les Mamelouks étaient originaires du Caucase et ils se recrutaient par des enfants achetés, comme ils l'avaient été eux-mêmes, dans les montagnes de la Géorgie et de la Mingrélie. Ils se mariaient de préférence avec des Circassiennes, mais leurs enfants mouraient ordinairement avant d'atteindre l'âge viril. Les enfants provenant d'unions avec les femmes indigènes vieillissaient, mais rarement leur descendance atteignait la troisième génération.

On évalue à 50,000 les Mamelouks (hommes, femmes et enfants) qui existaient en 1798. Ils pouvaient mettre 12,000 hommes à cheval.

occidentaux. Il s'empara de toutes les propriétés foncières' (succession des Mamelouks, biens des mosquées, biens particuliers). Maître absolu du sol, il donna une grande extension à la culture du coton, de l'indigo, des mûriers, etc. Au monopole des terres, il joignit celui du commerce et de l'industrie, construisit de vastes et de nombreuses usines. Il devint, pour ainsi dire, le seul propriétaire, le seul commerçant et le seul industriel de l'Égypte entière. Il fit commencer de grands travaux de canalisation et de barrage sur le Nil, et s'efforça de rendre au pays son ancienne splendeur. Les Européens, attirés par lui et qui trouvaient à s'enrichir de mille manières, lui firent la réputation d'un prince des plus éclairés, ce qui était une nouveauté dans l'Orient. Ses adversaires ont prétendu qu'il n'obéissait pourtant qu'à des instincts étroits de despote cupide, en pressurant et exploitant durement le pays.

Nous avons dit quel secours utile les armes égyptiennes [1] apportèrent à la Turquie pour la répression des insurrections grecques. Aussi, pour prix de sa coopération, il reçut l'île de Candie.

Mais Mehemet-Ali rêvait de fonder un grand empire indépendant. Des fellahs fuyant son despotisme, s'étant réfugiés en Syrie, il les réclama vainement, et en tira prétexte pour déclarer la guerre au sultan. Ibrahim, son fils adoptif, entra en Syrie avec 30,000 hommes, s'empara de Saint-Jean-d'Acre, de Jaffa, de Damas (1832). La bataille d'Homs lui donna les défilés de la Cilicie; celle de Konia lui ouvrait le chemin de Constantinople. L'intervention des puissances européennes, de la Russie particulièrement, arrêta les progrès des Égyptiens, mais le traité de Koutahié (14 mai 1833) accorda néanmoins à Mehemet-Ali l'investiture de la Syrie.

En 1838, il demanda l'hérédité pour le gouvernement de

---

[1] Méhemet-Ali envoya en Morée 24,000 hommes avec 63 vaisseaux, accompagnés de 100 transports. Ibrahim, qui commandait ces forces, fit une guerre impitoyable. Nous avons dit comment la flotte égyptienne fut détruite à Navarin (1827) (Voir *Péninsule des Balkans*).

l'Égypte. Le refus de la Porte amena une nouvelle guerre. Ibrahim battit les Turcs à Nezib, près de l'Euphrate (24 juin 1839).

La diplomatie européenne arrêta encore les hostilités. La flotte anglaise prêta son appui aux Turcs; l'amiral Napier bombarda Saint-Jean-d'Acre et l'enleva (14 nov. 1840).

Le sultan Abd-ul-Medjid, qui succéda à Mahmoud, accorda à Mehemet-Ali la vice-royauté héréditaire de l'Égypte, moyennant la restitution de la Syrie, de Candie, et de l'Hedjaz (fév. 1841).

Une maladie ayant affaibli ses facultés, son fils Ibrahim gouverna en son nom pendant ses dernières années, mais Mehemet-Ali lui survécut. Il eut pour successeurs son petit-fils Abbas (1849), Saïd-Pacha, oncle de ce dernier (1854), enfin Ismaïl-Pacha, un autre de ses petits-fils, en 1863.

Ismaïl-Pacha fut également nn prince très actif. Il étendit son autorité jusqu'aux rivages de la mer Rouge, puis dans la haute vallée du Nil, mais il échoua dans ses tentatives contre l'Abyssinie.

Sous son gouvernement, grâce à son concours, grâce surtout à l'opiniâtreté de M. de Lesseps, le canal de Suez put être ouvert. Il rendit ainsi un grand service au commerce du monde entier; mais ses dépenses excessives et le désordre financier qui en était la conséquence amenèrent, en 1879, les grandes puissances à solliciter sa déposition par le sultan. Il fut remplacé par son fils Mehemet-Tewfik, son successeur depuis le firman de 1866, qui a réglé la succession dans l'ordre direct du père au fils; tandis que depuis 1841, suivant la coutume turque, le pouvoir passait au prince le plus âgé de la famille.

Depuis 1867, le titre de *khédive*, que l'on peut comparer à celui de *seigneur*, et la qualité d'altesse ont été officiellement concédés à Ismaïl-Pacha[1].

---

[1] Ce titre de khédive marque une extension de souveraineté supérieure à la situation de vassalité caractérisée par le nom de vice-roi que les puissances européennes donnaient jusqu'alors à ce prince.

Le tribut payé à la Porte s'est élevé en 1880 à 17 millions 660,000 francs. Le chiffre obligatoire est de 8 millions, mais il est d'usage que des dons volontaires augmentent cette contribution ; chaque firman n'a été obtenu que grâce à des cadeaux considérables qui satisfaisaient difficilement la rapacité des hauts fonctionnaires et des sultanes de Constantinople.

Le firman de 1873 (juin) qui résume et complète tous les firmans antérieurs, accordait au khédive le droit de conclure des traités de commerce et de douanes, ainsi qu'une autonomie entière pour l'administration intérieure du pays. Le khédive devait pourtant en référer à Constantinople pour les appels de justice, pour les grands travaux publics de nature à modifier l'état des voies de communication avec l'empire, etc. Il ne pouvait nommer dans les grades militaires et civils que jusqu'au rang de colonel (bey).

Cette situation, complètement modifiée depuis l'occupation anglaise, n'est pas encore réglée. Jusqu'alors la France et l'Angleterre se partageaient, en quelque sorte, la tutelle de l'Égypte. Aujourd'hui l'Angleterre exerce une action prépondérante qu'elle tend à transformer en protectorat.

Les puissances européennes réunies en congrès à Londres, en 1884, se sont opposées à cette mainmise de l'Angleterre sur l'Égypte ; mais elles cherchent à maintenir l'indépendance de fait de l'Égypte vis-à-vis de la Turquie.

L'intervention de la France et de l'Angleterre, en émancipant peu à peu le vice-roi, leur a permis de s'immiscer dans les affaires intérieures de l'Égypte, de s'y surveiller mutuellement et d'y exercer une véritable tutelle administrative et financière. Malheureusement, à côté des grands travaux publics, tels que le canal de Suez, dont l'ouverture est une gloire pour les Français, il s'est développé, en Égypte, des spéculations qui, profitant de l'esprit de désordre et des tendances au gaspillage d'Ismaïl-Pacha, ont certainement contribué à rendre plus lourde l'exploitation du pays par un prince qui y régnait en maître absolu. Une double réaction devait fatalement se produire et résulter de l'excès même du mal.

On avait donné à l'Égypte une constitution calquée sur celle de l'empire français ; c'est-à-dire que le khédive était assisté d'un conseil privé et qu'il gouvernait avec le concours d'un ministère et d'une *chambre consultative de notables et de délégués* (statut de septembre 1866), sorte d'assemblée législative, sans droit vis-à-vis du souverain, mais dont l'opposition devait néanmoins se faire sentir.

Tandis que les Européens affluaient, les uns attirés par l'appât d'un gain rapide, d'autres inspirés par des mobiles plus élevés de science et d'art, un grand nombre de jeunes Égyptiens étaient, de leur côté, envoyés dans nos écoles où ils s'initiaient, peu à peu, à nos systèmes politiques, à notre organisation militaire, à nos principes judiciaires, même à nos méthodes historiques et scientifiques. Quelques-uns sont devenus des hommes fort distingués dans différentes branches des connaissances humaines. Ils ont rapporté chez eux et y ont développé les principes sur lesquels sont fondées les sociétés modernes. D'autre part, des établissements d'instruction ont été créés dans le pays même et l'on voit aujourd'hui les filles des premières familles, élevées au Caire et à Alexandrie dans des couvents de religieuses françaises, qui, tout en respectant leur religion, leur donnent une éducation semblable à celle que reçoivent les jeunes filles de notre société. Il n'est pas jusqu'à l'organisation intérieure de la famille qui ne se modifie. La polygamie disparaît ; le harem abaisse ses clôtures. L'esprit nouveau a soufflé plus efficacement sur la vieille Égypte que dans aucune autre province de l'empire ottoman.

Cependant, les difficultés qu'éprouvaient les administrateurs français et anglais à rétablir l'ordre financier, compromis par le khédive Ismaïl-Pacha[1], entraînèrent la France et l'An-

---

[1] Dans l'espace de quinze ans de règne, de 1863 à 1877, la dette publique s'est élevée de 4 à 60 millions sterling, sans compter une dette de 17 millions, garantie sur les chemins de fer, et 10 millions d'em-

gleterre à une grave mesure qui était en opposition avec leur politique traditionnelle et qui devait avoir le danger de rouvrir les portes par lesquelles l'influence turque rentrerait en Égypte. Elles s'adressèrent au sultan, comme suzerain, et obtinrent de lui un firman de déchéance contre Ismaïl-Pacha qui fut remplacé par son fils Tewfik.

Il se manifesta, dès lors, une certaine agitation dans les esprits ; un parti national tendit à se grouper autour des chefs militaires qui, disposant de l'armée, disposaient en réalité de la force. L'opposition contre le khédive, et surtout contre l'influence européenne qui le dominait, s'accentua de plus en plus et un essai de révolution sociale s'est dessiné en prenant pour devise : *l'Égypte aux Égyptiens*, et pour programme l'émancipation du pays.

L'Angleterre et la France, d'abord d'accord pour s'opposer à ce mouvement, différèrent sur les moyens d'exécution. L'Angleterre seule intervint militairement ; elle bombarda Alexandrie, battit les troupes réunies par Arabi-Pacha qui s'était déclaré en révolte ouverte contre le khédive et, depuis lors, elle occupe l'Égypte et a assumé la lourde responsabilité de protéger le pays contre les insurrections du Soudan.

prunts privés ; cela fait un passif de 87 millions sterling, soit 2 milliards 175 millions de francs. On ne peut s'expliquer comment une somme aussi énorme a pu être dépensée. D'après des évaluations raisonnables, les dépenses pour les travaux publics n'ont pas excédé 25 millions sterling ; le budget des recettes a toujours dépassé celui des dépenses et quelle que soit la part faite pour les commissions payées aux banquiers, pour des spéculations mal conduites, etc., on ne sait comment expliquer un aussi prodigieux gaspillage, à moins de supposer que le vice-roi ait formé quelque part un trésor pour se mettre à l'abri des coups du sort,

Une des mesures les plus déplorables (*Revue scientifique*, 26 janvier 1878) a été la loi de la Makouba, rendue en 1871, qui a permis de racheter à perpétuité le paiement de la moitié de l'impôt annuel par celui d'une taxe une fois versée, évaluée cinq fois et demie l'impôt. Le khédive, non seulement exagérait les dépenses du présent, mais tarissait ainsi les sources du revenu pour l'avenir.

Au point de vue administratif, l'Égypte est divisée en deux grandes provinces administrées par un mudir :

Basse-Égypte, de la mer à Gizeh, chef-lieu : **Le Caire**.

Haute-Égypte, de Gizeh à Assouan, chef-lieu : **Siout**.

Le **Soudan**, qui comprenait la Nubie et le Soudan proprement dit, était placé sous le commandement d'un gouverneur général, autrefois en résidence à Khartoum.

Ce pays est actuellement entre les mains des rebelles.

Sous Mehemet-Ali, les Égyptiens avaient déjà imposé leur domination au Kordofan, dont la capitale est el Obeid et au Sennar que traversent les deux branches du Nil. Sous Ismaïl-Pacha, ils pénétrèrent dans le Darfour, mais se firent complètement battre sur les frontières d'Abyssinie.

La guerre a d'ailleurs toujours été à l'état permanent sur ces limites indécises du Soudan égyptien. Les Égyptiens, commandés par des officiers européens, ou instruits à l'européenne, représentaient, vis-à-vis des noirs de l'intérieur de l'Afrique, la civilisation et la culture moderne. Toutes les espérances qu'on en avait conçues se sont effondrées.

Les **Côtes de la mer Rouge** sont sous une administration spéciale.

Certaines villes ont en outre un gouverneur particulier. Ce sont :

Alexandrie	200,000	habitants.
Rosette	16,000	—
Damiette	38.000	—
Port-Saïd	8,000	—
El-Arich	2,500	—
Ismaïlia	2,800	—
Suez	13,000	—
Koseir	2,800	—

Au point de vue géographique, les divisions naturelles du pays, sont : l'Égypte, la Nubie et le Soudan.

L'Égypte peut se subdiviser en :

Basse-Égypte (Bahari ou Delta), entre la mer et
Gizeh.

Moyenne-Égypte (Westani, l'ancienne Heptamo-
nide), entre Gizeh et Saquiet-Mouça.

Haute-Égypte (Saïd, l'ancienne Thébaïde), depuis
Saquiet-Mouça jusqu'aux cataractes d'Assouan.

Le Nil. — L'Égypte (arabe : *mesr* ; hébreu ; *mizraïm*) n'est,
à proprement parler, que la vallée étroite, fertile et peuplée
dans laquelle coule le Nil, à partir de la première cataracte
ou cataracte d'Assouan.

A l'est, jusqu'à la mer Rouge, s'étendent des solitudes pier-
reuses et accidentées, larges plateaux montagneux, creusés
seulement par quelques grandes coupures transversales qui
conduisent à la mer Rouge.

A l'ouest, s'étendent les solitudes du désert libyen que parcourent les Arabes nomades.

Les berges de la vallée du Nil sont formées par les escarpes
des plateaux entre lesquels coule le fleuve. Celles de la rive

droite, que l'on appelle la **Chaîne Arabique**, sont, en général, plus rapprochées que celles de la rive gauche ou **Chaîne Libyque.**

Dans une dépression qui s'étend du sud au nord, sur une direction parallèle à celle du Nil et à quelques journées de marche, sont les oasis qui servent de stations aux caravanes du Darfour.

Le Nil, à la cataracte d'Assouan [1], franchit la limite méridionale de la Haute-Égypte entre deux murailles de granit. Il coule alors dans un lit qu'il s'est creusé à travers un plateau de grès et de calcaires [2] et dont les berges verticales, plus ou moins écartées, sont, en moyenne, à la distance de 15 à 20 kilomètres et se rapprochent parfois à la distance du jet d'une pierre. La hauteur de ces berges est environ de 11 mètres dans la Haute-Égypte, de 6 à 7 mètres dans la Moyenne-Égypte, et de 2 mètres en aval du Caire.

La largeur du Nil est de 1200 mètres dans la Haute et la Moyenne-Égypte, de 600 mètres dans le Delta. Sa vitesse est de 2,500 mètres à l'heure dans les eaux moyennes, et de 3,500 mètres à l'époque des crues.

[1] Assouan (Syène des anciens) se trouvait, croit-on, autrefois sur le cercle des tropiques ; au solstice d'été le soleil se réfléchissait sur l'eau d'un puits profond qui y était creusé. Actuellement Assouan est à 60 kilomètres plus au nord. C'est une des preuves que l'on donne des variations d'obliquité de l'orbite terrestre.

[2] La haute vallée du Nil, de Philé à Syène, a fourni le granit rose des obélisques et des colosses ; la région de Syène à Edfou a donné les blocs de grès des temples ; enfin, plus en aval, on a pris les pierres calcaires des pyramides.

Basse-Égypte.

Le delta commence à 20 kilomètres au-dessous du Caire.

A l'époque ancienne, le fleuve se partageait en sept branches principales [1]. La plus occidentale était celle de Canope, la plus orientale celle de Peluse. Actuellement, le Nil n'a plus que deux grands bras : celui de Rosette à l'ouest, celui de Damiette à l'est, mais ils fournissent de nombreuses dérivations.

La fourche de séparation des deux bras (désignée sur les cartes de l'Institut d'Égypte sous le nom de *Ventre de la Vache*) est défendue par la forteresse de **Galaât-Saïdieh**, construite par Saïd-Pacha. Ses fortifications commandent deux ponts-barrages au moyen desquels on peut régler les eaux et interrompre la navigation du cours inférieur ; elles consistent en une enceinte bastionnée entre les deux bras, avec des ouvrages sur la rive droite de la branche orientale, et sur la rive gauche de la branche occidentale. On peut y abriter 8,000 hommes.

Cette place est en quelque sorte le réduit de la défense du delta. En dehors de la saison des basses eaux tout travail d'approche est impossible.

Des lacs salés, séparés de la mer par d'étroits cordons littoraux, bordent la côte. Le plus grand est le lac **Mensaleh**,

---

[1] La branche *Canopique* se jetait à Canope.

La branche *Bolbitine* est celle qui passe à présent à Rosette.

La branche *Sébennytique* était le lit principal du fleuve. On en voit les traces dans le lac Bourlos.

La *Phantnitique* était la branche de Damiette.

La *Mendésienne* est le canal actuel d'Achmoun, qui se détache de Mansourah ; elle se jetait à la bouche de Dibey.

La *Tanitique* ou *Saytique* est le canal de Moneys, elle correspondait à la bouche d'Oum Fareg.

La *Pélusiaque* ou *Bubastique* se jetait à Peluse (Peluse veut dire marais).

à l'est du bras de Damiette. Tandis que les autres lagunes se desséchaient peu à peu, le lac Mensaleh s'accroissait et, par suite du mauvais entretien des digues, inondait les localités habitées ; le canal de Suez, en le traversant, a amené le dessèchement de la portion orientale. Le lac est couvert de ruines anciennes. Le cordon littoral qui le sépare de la mer est étroit, inculte, et percé par les trois bouches de Dibeh, d'Oum Fareg et de Peluse.

Entre les deux bras du Nil, s'allonge le lac Bourlos.

A l'ouest du bras de Rosette sont les lacs Edkou et Mariout. Le lac Mariout (l'ancien lac Mareotis) s'était desséché depuis l'époque chrétienne. Pendant la campagne d'Égypte (1799), les Anglais le remplirent de nouveau en faisant une percée. Aujourd'hui le chemin de fer a amené le dessèchement de la partie orientale ou lac d'Aboukir.

Fondée par Alexandre [1], **Alexandrie**, ancienne capitale des Ptolémées, a été, après Rome, la plus grande ville du monde ancien ; elle comptait un million d'habitants. Pendant tout le moyen âge, elle n'eut aucune importance, mais l'ouverture des nouvelles voies de commerce vers les Indes, marqua pour elle une ère de renaissance. Avant le bombardement de 1882, la nouvelle ville occupait environ un tiers de l'emplacement de l'ancienne ; elle était construite à l'européenne et présentait un mélange de l'Orient et de l'Occident sans caractère défini. Sa population était de 165,000 habitants, dont 40,000 étrangers. Elle se relève peu à peu de l'incendie et des ruines qui ont été la conséquence du bombardement du 11 juillet 1882 par les Anglais.

Déjà, en 1807, les Anglais s'en étaient emparés, et, ne pouvant la conserver, ils avaient obstrué les passes du port, en y coulant des bateaux chargés de pierres [2].

---

[1] Il fit relier à la terre ferme l'île de Pharos et il y fit élever une tour de signaux, d'où le nom de phare a été donné à toutes les colonnes qui signalent aux vaisseaux les écueils des côtes et l'entrée des ports.

[2] Voir plus loin le résumé de la campagne d'Égypte.

« Ce doit être, dit Napoléon, la capitale, le centre de la défense, la retraite, le port, et le dépôt de toute domination européenne. »

La ville est bâtie sur l'isthme que termine le fort Pharos et qui sépare le grand port du nouveau port. Elle était défendue par une muraille et par des fortifications assez bien armées, mais dont l'artillerie a été tout à fait inefficace contre celle des cuirassés anglais, qui ont rapidement ruiné leurs défenses.

Le grand port est relié au Nil par le canal Mahmoudieh.

Alexandrie est le seul mouillage où une escadre soit en sûreté contre les vents du nord-ouest, et contre les attaques d'une force supérieure.

A l'ouest d'Alexandrie, la côte est déserte jusqu'au Ras el Kanaïs, qui marque la frontière de la Tripolitaine. A l'époque de la campagne d'Egypte (1799), cette limite était portée un peu plus à l'ouest jusqu'à el Baretoun, aujourd'hui Berek-Marsat, tête d'une des routes de l'oasis de Sioûâ. Bonaparte attachait une grande importance à cette position et recommandait d'y fonder une colonie.

A l'est d'Alexandrie, la côte est couverte de maisons de campagne; c'est là que se trouve le palais de Ramley où le khédive était réfugié pendant le bombardément d'Alexandrie. La côte est longée par un chemin de fer qui se termine à Rosette.

Sur la presqu'île d'Aboukir se voient les ruines de l'ancienne Canope.

Le 1er août 1798, Nelson détruisit, dans la rade d'Aboukir, la flotte française de l'amiral Brueys, qui n'avait pas eu la prudence de chercher à temps un abri dans le port d'Alexandrie.

Le 25 juillet 1799, Bonaparte détruisit, à son tour, une armée turque, que l'escadre anglo-ottomane venait de débarquer dans l'isthme.

Le lac d'Aboukir est aujourd'hui desséché.

Le grand lac d'Edkou, entre le canal Mahmoudieh et le bras de Rosette, ne communique avec la mer qu'au moment des crues par une bouche qui s'ouvre dans la baie d'Aboukir et que les barques peuvent alors franchir.

Rosette (Rachid) est à l'embouchure du bras occidental du Nil, très ensablé et d'une navigation difficile.

Au moment de l'expédition anglaise, l'embouchure était défendue par deux forts, l'un pour 15 pièces (r. g.), l'autre pour 8 pièces (r. d.). Plus en amont se trouve (r. g.) le *fort Julien* (Kaït Bey) de construction ancienne [1].

Le grand lac Bourlos sépare le bras de Rosette de celui de Damiette. Il communique avec la mer par une bouche défendue par d'anciens ouvrages.

Damiette [1] est à 13 kilomètres de l'embouchure du bras oriental.

L'entrée en était défendue par un fort sur chaque rive et plus en amont (r. d.) par le *fort de l'Esbé*, ancien ouvrage.

Le grand lac Menzaleh sépare le bras de Damiette du canal de Suez. La portion à l'est du canal se dessèche.

Les formes du delta sont naturellement très variables. Il gagne peu à peu sur la mer, tandis que les sables du désert gagnent de leur côté sur sa partie occidentale et couvrent des campagnes autrefois fertiles.

Port-Saïd, ville moderne à l'entrée du canal de Suez, a plus de 7,000 habitants. C'est une station appelée à un grand

[1] Saint Louis parut devant Damiette le 5 juin 1250. Il débarqua le lendemain et occupa la ville que les Sarasins avaient abandonnée. Mais ce n'est qu'au mois de décembre qu'il se mit en marche et, le 12 février 1254 seulement, il livre la bataille de Mansourah, où son frère, Robert d'Artois, fut tué et lui-même fait prisonnier. Il fut rendu à la liberté moyennant rançon et quitta l'Égypte.

développement; elle est alimentée en eau douce par des con-duites partant d'Ismaïlia.

A l'est de Port-Saïd, se creuse le golfe de Peluse, dans lequel s'ouvraient autrefois la bouche Tanitique et la bouche Pelusiaque du Nil, aujourd'hui fermées.

Sur le cordon littoral qui sépare la mer du lac Sirbon (Sabakat Bardowal, appelé aussi lac du roi Baudouin), se dresse le Ras Bouróum (ancien mont Casius) à l'altitude de 82 mètres.

En suivant cette côte, bordée de dunes et de sables mouvants, on arrive à la petite ville d'el Arich, à l'embouchure de l'oued du même nom. C'est la limite orientale de l'Égypte, la limite naturelle entre l'Afrique et l'Asie, qui marque bien la séparation des deux climats. D'un côté, un littoral fréquemment arrosé, de l'autre, des terres sèches, brûlées, sans eau. L'oasis d'el Arich, à l'époque de l'expédition de Syrie (1799), avait 6 puits et 15,000 ou 20,000 palmiers.

La navigation du Nil est facile et rapide. Dans la saison des vents du nord, un navire à voile ne met pas plus de 36 heures pour se rendre de Damiette ou de Rosette au Caire et 8 ou 10 jours pour remonter jusqu'à Assouan, où se trouvent les premières cataractes. D'importants travaux de canalisation permettent aux bâtiments de haute mer de 400 tonneaux d'aborder à Boulacq, le port du Caire.

Le delta est couvert de villes, de villages, de fermes, et de fabriques. Il est sillonné maintenant par plusieurs lignes ferrées. Les localités les plus importantes sont : Tanta (14,000 habitants), centre du delta, à la bifurcation de la ligne de Rosette; Benha (port du Nil sur le bras de Damiette), bifurcation sur le Caire; Zagazig, tête du canal d'eau douce qui alimente le canal de Suez, et gare de bifurcation sur le Caire et sur Damiette; Mansourah, ville importante sur la ligne de Damiette.

La route du Caire en Syrie longe la zone inondable, en passant par les ruines d'Héliopolis, Kanka, Belbeïs, Salhieh, d'où elle incline à l'ouest pour traverser le canal de Suez à Kantara et se prolonger par les oasis de Quatieh et d'el Arich.

Canal de Suez. — M. de Lesseps, alors consul général de France, a eu l'honneur de mener à bonne fin l'œuvre gigantesque du canal de jonction entre la Méditerranée et la mer Rouge, déjà rêvé par les Pharaons.

Le canal, bordé de deux digues, part de Port-Saïd, traverse le lac Mensaleh, le lac Ballah, les lacs Timsah où aboutit le canal d'eau douce venant de Zagazig, qui se bifurque au sud pour alimenter Suez. En amont du lac Timsah, le grand canal franchit le seuil d'el Guisr près duquel a été construite la ville moderne d'Ismaïlia, tête du chemin de fer du Caire et de Suez.

Le canal a été traversé pour la première fois, au mois de novembre 1868, par un aviso de guerre français; le passage a été ouvert au mois de novembre 1869 pour les navires de grand tonnage.

Sa longeur entre Port-Saïd et Suez est de 160 kilomètres. Depuis 1871, ses dimensions sont de 58 à 100 mètres de large au niveau et de 22 mètres au plafond, avec une profondeur de 8 mètres. L'ensemble des frais jusqu'à la fin de 1870 a dépassé la somme de 420 millions de francs, somme qui a été couverte par des souscriptions privées et, pour un cinquième environ, par une subvention du khédive.

On pense maintenant à doubler les dimensions du canal.

Suez est dans une région déserte. Il n'y pleut pas plus d'un quart d'heure chaque année, mais les ancrages sont bons. C'est, non pas un emporium de commerce, parce que depuis l'ouverture du canal les navires ne s'y arrêtent pas, mais du moins un port de transit très fréquenté.

A 20 kilomètres environ, en amont de la tête du delta, se trouve **Le Caire**, la capitale de la Basse-Égypte et de l'Égypte tout entière, « la perle de l'Orient, » — « la deuxième clef de la sainte Kaaba. » Avant l'occupation anglaise, sa population était de 330,000 habitants environ, dont 20,000 étrangers[1].

A l'ouest du Caire, à l'extrémité du plateau désert de Libye et à une altitude de 50 mètres au-dessus de la mer s'élève le groupe majestueux des *quarante pyramides*, masses énormes formées de blocs de calcaires et de briques. Les plus célèbres sont celles de Giseh. Elles datent du IIIe siècle avant l'ère chrétienne. La plus haute, celle de Cheops a 140 mètres de haut (jadis 160 mètres avec sa pointe).

[1] Près du Caire, sur un bras oriental du Nil, se trouvait Héliopolis célèbre par ses collèges de prêtres et centre de la philosophie religieuse de l'Égypte (Bataille du 25 mars 1800).

Haute-Égypte.

En amont du Caire, on passe aux ruines de l'ancienne Memphis, en aval desquelles vient aboutir (r. d.) *la Vallée de l'Égarement*, suivie par les Hébreux dans leur exode.

Un chemin de fer longe la rive gauche du fleuve, jusqu'à Siout et envoie un embranchement jusqu'à Medinet el Fayoum.

La Haute-Égypte que l'on subdivise quelquefois en Moyenne-Égypte en aval de Saquiet-Mouça et en Haute-Égypte en amont, a pour limite méridionale la première cataracte ou cataracte d'Assouan ; son chef-lieu est Siout.

A hauteur de Benisouef, sur la rive gauche, s'ouvre une vallée transversale qui conduit dans le fertile bassin du **Fayoum.** C'est une extension de la vallée du Nil, qui forme un bassin de cent lieues carrées. Au Fayoum aboutit une vallée appelée la *Vallée du fleuve sans eau*, qui débouche dans la mer à l'ouest d'Alexandrie.

Les anciens Égyptiens avaient déjà fait de grands travaux hydrauliques pour amener dans le Fayoum les eaux de l'inondation et y établir un grand réservoir, aujourd'hui ruiné ; c'est là qu'avait été creusé le lac Mœris.

A quelque distance au nord-ouest, on trouve le lac naturel de **Birket el Kéroum** (42^m au-dessous de la mer) qui est en communication avec le Nil au moment des crues.

Le chef-lieu de ce district est Medinet el Fayoum (l'ancienne Crocodilopolis ou Arsinoé), 12,000 hab., centre des grandes cultures de roses d'où l'on extrayait l'essence, cultures remplacées aujourd'hui par celles du froment et du coton.

A peu de distance à l'est sont les ruines du célèbre *Labyrinthe*, construit par Armenenha III, qui avait autant de salles que l'Égypte comprenait de divisions, de sorte que chaque pays avait son lieu particulier pour ses cérémonies religieuses et ses sacrifices.

La gorge par laquelle le Fayoum communique avec la vallée du Nil est fermée, au sud, par le mont Sédiman (combat du 7 octobre 1798).

A hauteur de Benisouef, sur la rive droite, s'ouvre une vallée qui conduit à la mer Rouge en traversant les déserts de la Thébaïde, où vécurent les premiers solitaires du christianisme, saint Macaire, saint Antoine, saint Pacôme, etc. Cette route passe au monastère de Saint-Antoine, dans la plaine de l'Arabat (ou du Chariot), et conduit à celui de Saint-Paul.

De Benisouef on peut voir le Sinaï.

La vallée du Nil s'élargit assez pour que le fleuve ait pu fournir une dérivation latérale, le canal de Joseph (Bahr Jousef) qui suit le pied des berges du désert de Libye. C'est un cours d'eau naturel et non un canal creusé de main d'homme.

La plaine entre le Nil et le canal est la plus productive de l'Égypte.

Manfalout, en aval de Siout, est une des localités importantes de la vallée du Nil.

Siout (l'ancienne Lycopolis), chef-lieu de la Haute-Égypte, a 28,000 habitants; c'est le point de départ des caravanes qui vont au Darfour, en suivant la route de la Grande-Oasis, ou oasis de Kardjeh; c'est aussi le point de départ d'une route qui conduit à Suez.

Plus en amont, la vallée du Nil s'incline à l'est jusqu'à **Keneh**, (r. d.), qui est le point le plus rapproché de la mer Rouge, à 25 ou 30 lieues de distance du port de Koséir. Keneh est le principal entrepôt de commerce entre le Nil et la mer Rouge.

Entre Siout et Keneh, les points importants sont Tahtah et Girgeh.

Près de Keneh, sur la rive opposée, Denderali.

A quelques lieues en amont, Coptos. C'était au IV* siècle une ville puissante, dont on voit les ruines à une lieue du

Nil. A Coptos a succédé Koùs, qui est plus au sud et très déchu.

Plusieurs routes conduisent de Keneh et de Coptos au port de Koséïr, elles suivent des gorges désertes ; ce sont les grandes routes d'échange des produits de l'Arabie, de la mer Rouge et de la Haute-Égypte.

En 1799, une colonne française suivit l'une de ces routes et alla mettre garnison à Koséïr.

Les gigantesques ruines de *Thèbes aux cent portes*[1], semblables par leurs obélisques à une forêt de pierres sont à quelques lieues en amont de Coptos.

Les villages de Louqsor et de Karnah (r. d.), ceux de Médinet-Abou et de Gournak (r. g.), sont dans les environs.

Au défilé des Deux-Montagnes, entre Thèbes et Esneh (Ecatopolis), les berges de la vallée se rapprochent à une distance de 500 mètres.

Dans cette région, le Nil est bordé d'une ligne presque continue de monuments qui, par leurs dimensions et leur ancienneté, sont les plus remarquables du globe.

Assouan (l'ancienne Syène), où sont les premières cataractes (deux mètres de chute), marque la limite méridionale de la Haute-Égypte. Près de là, se trouve l'île d'Éléphantine, avec ses bois de palmiers et de sycomores, et, plus en amont, l'antique Philé.

Plus en amont, Edfou (Apollinopolis magna).

Une coupure transversale dans les montagnes servait, dans l'antiquité, au passage de la route d'Edfou au port de Bérénice, dont il ne reste que des ruines.

---

[1] On croit entrer, dit un voyageur, dans une cité de géants. Un de ses palais montre les ruines d'une salle de 5,000 mètres carrés et d'une prodigieuse hauteur.

Cent hommes tiendraient sur les chapiteaux des colonnes (Daniel).

Nous ne pouvons nous laisser entraîner dans une description, même succincte, de ces prodigieuses ruines.

Désert arabique. — La région montagneuse comprise entre le Nil et la mer Rouge est habitée seulement par quelques nomades. Certains sommets atteignent 2,000 mètres.

La côte de la mer Rouge est uniforme et inhospitalière, tantôt dominée par des falaises escarpées, tantôt couverte de marécages. Elle est bordée de récifs de coraux qui en rendent l'accès dangereux.

Le port de Koséir est médiocre, mais il est fréquenté par les pèlerins de la Mecque.

Nous avons cité les routes qui, d'Edfou, de Siout, et de Beni-souef, conduisent aux couvents de Saint-Paul et de Saint-Antoine.

La coupure la plus septentrionale conduit du Caire à Suez; c'est celle que les Hébreux prirent dans leur exode, et qu'on appelle la *Vallée de l'Égarement*. L'administration égyptienne y avait construit une route militaire avec gîtes d'étapes. Plus tard, on y a établi un chemin de fer aujourd'hui abandonné et la vallée est déserte.

Les communications ferrées entre le Caire et Suez sont actuellement établies par Zagazig, Tel el Kebir et Ismaïlia, en longeant le canal d'eau douce.

Désert libyque. — A l'ouest du Nil, quelques coupures transversales conduisent aux oasis du désert de Libye, habitées par les nomades qui relèvent administrativement de l'Égypte. C'étaient autrefois des lieux de déportation pour les exilés politiques et aux IVe et Ve siècles pour les hérétiques.

La plus occidentale de ces oasis est celle de **Siouâ** (60 kilom. sur 10 kilom.) où se trouvait dans l'antiquité le temple de Jupiter Ammon. Alexandre s'y rendit en pèlerinage et y fut salué fils de Jupiter. L'oasis est toujours fertile; elle produit tous les fruits, des dattes et des raisins. « C'est une émeraude enchâssée sur le fond d'or du désert. » La population est de 5,000 à 6,000 habitants dont 2,000 à Siouâ.

A peu de distance, est l'oasis de Djerboub, centre de la

confrérie de Sidi-es-Senousi et l'un des foyers les plus actifs de la propagande islamique dans l'Afrique[1].

L'oasis de **Bahrieh** (ou Petite-Oasis) a 2,400 habitants.

L'oasis de **Farafrah** (Trinythys des anciens), à 300 kilomètres de Siout, a 300 habitants.

L'oasis de **Dachel**, à la latitude de Thèbes, 20,000 habitants.

L'oasis de **Khargeh** (ou Grande-Oasis), est une longue vallée de 30 kilomètres sur 15. C'est le passage des caravanes du Darfour, 5,000 à 6,000 habitants.

Enfin, dans la Nubie, parallèlement au Nil, s'égrène un chapelet d'une dizaine de petites oasis peu connues.

L'Égypte n'est en réalité qu'un long ruban qui s'allonge de chaque côté du Nil sans lui envoyer le moindre affluent. Dans tout le pays on ne trouve que la source d'Héliopolis.

Les conditions climatériques de cette région sont d'un caractère tout spécial et uniforme. Il pleut fort rarement, mais il serait inexact de dire qu'il ne pleut jamais. La pureté du ciel, la limpidité de l'atmosphère, une chaleur sèche, tempérée par les brises du désert[2] caractérisent le climat de l'Égypte.

L'atmosphère a des propriétés conservatrices merveilleuses qui assurent une durée presque indéfinie à tous les objets de pierre, de bois, même aux tissus et au papyrus. Quels que soient les avantages si vantés du climat égyptien, la peste et

---

[1] Voir plus loin la Tripolitaine.

[2] On a comparé l'action fortifiante de la brise du désert, malgré sa température élevée, aux effets réconfortants de l'air des Alpes. « L'air du désert, a dit Bayard-Taylor, est un élixir de vie, aussi pur, aussi rafraîchissant que celui que respira le premier homme au jour de sa création. » Là tous les charmes de la nature manquaient, mais Dieu a fait sortir du désert son souffle le plus doux, le plus tendre. Il donne aux yeux la clarté, au corps la force, à l'esprit la joyeuse sérénité.

le choléra apportés de la Mecque visitent trop souvent le Caire
et les ophtalmies sont fréquentes [1].

La sécheresse est augmentée encore par le *chamsin* (le vent
de cinquante jours) qui souffle du désert après l'équinoxe du
printemps, entraînant avec lui des tourbillons de sables brû-
lants [2].

Crues du Nil. — L'Égypte a été, de tout temps, le
grenier d'abondance des contrées voisines ; sa richesse est due
exclusivement à l'activité fécondante du Nil, qui, chaque
année, dépose un limon dont l'épaisseur atteint un mètre en
mille ans. Le fleuve commence à monter au mois de juin
jusqu'à la fin de septembre. Il décroît ensuite jusqu'au mois
de février, et reste stationnaire jusqu'en mai. Ces changements
constituent, pour ainsi dire, trois saisons agricoles régulières,
car tout ce qui regarde l'agriculture se règle sur les variations
du niveau du Nil.

Pour que l'inondation soit suffisante dans la Haute-Égypte,
il faut que la crue atteigne 13 mètres. Au Caire, elle doit être
au moins de 6 à 7 mètres et ne pas dépasser 8 mètres 40. Les
eaux s'étendent alors en une vaste mer de laquelle surgissent,
comme autant d'îles, les villages et les villes avec leurs minarets et les chaussées qui les relient entre eux. Vers le commencement de décembre, aussitôt que les eaux sont rentrées
dans les canaux, on jette les semences qui s'enfoncent par
leur propre poids dans le limon encore pâteux, et la germina-
tion des plantes se développe avec une surprenante rapidité.

[1] Au Caire, un aveugle sur 20 habitants.
[2] La température varie dans les limites suivantes :

	Maximum.	Minimum.
Basse-Égypte	28°	11°
Moyenne-Égypte.......................	40°	10°
Haute-Égypte..........................	48°	9°

Il n'y a que deux saisons : l'une, tempérée d'octobre à mars ; l'autre,
chaude d'avril à la fin de septembre.

Toute la vallée n'est plus qu'une immense prairie couverte de fleurs. La terre produit ainsi sans culture une récolte en mars, et l'on peut avoir une deuxième récolte de millet ou de maïs, et même une troisième de plantes potagères.

De plus, d'ingénieux systèmes d'irrigation conduisent les eaux du fleuve sur les parties que n'atteindrait pas l'inondation naturelle. Ils permettent aussi d'arroser les terres en dehors de l'époque des crues et de tirer parti, pendant toute l'année, de leur merveilleuse fécondité.

Ces conditions étaient exceptionnellement favorables au développement des sociétés humaines, et l'étroitesse de la vallée amena leur concentration dans de grands centres. Des villes considérables s'élevèrent entourées de temples et de palais superbes.

« Mais, dans aucun pays, dit Napoléon [1], l'administration n'a autant d'influence sur la prospérité publique. Si l'administration est bonne, les canaux sont bien creusés, bien entretenus, les règlements pour l'irrigation sont exécutés avec justice, l'inondation est plus étendue. Si l'administration est mauvaise, vicieuse ou faible, les canaux sont obstrués de vase, les digues mal entretenues, les règlements de l'administration transgressés, les principes du système d'inondation contrariés par la sédition et les intérêts particuliers des individus ou des localités. En Égypte, le gouvernement a une influence immédiate sur l'étendue de l'inondation; c'est ce qui fait la différence de l'Égypte administrée par les Ptolémées, de l'Égypte déjà en décadence sous les Romains et ruinée par les Turcs. Pour que la récolte soit bonne, il faut que l'inondation ne soit ni trop basse ni trop haute... » Le roi Mœris avait remédié à cet inconvénient en faisant construire dans le Fayoum le grand réservoir dont nous avons parlé et qui était le régulateur des crues; il n'en reste que peu de traces.

Mehemet-Ali avait, dans le même but, fait construire un

---

[1] *Mémoires de Sainte-Hélène.*

superbe barrage à la pointe du delta, mais les canaux qui devaient le compléter n'ayant point été exécutés, ce travail est resté stérile.

Populations. — La population totale de l'Égypte, y compris la Nubie et le Soudan, a été évaluée à 17 millions d'habitants, dont 5,500,000 [1] pour l'Égypte proprement dite, qui en comptait 27 millions dans l'antiquité et encore 7 millions à l'époque romaine.

En 1878, il s'y trouvait, 30,000 Grecs, 14,500 Italiens, 14,500 Français, 3,800 Anglais, 2,500 Autrichiens, 1000 Espagnols, 900 Allemands et 700 Persans[2].

Au milieu de cette nature prodigue vit une population douce et triste de **fellahs**, écrasés sous le poids des impôts et des corvées. Ce sont les descendants des anciens Égyptiens. Leurs villages ont l'aspect le plus misérable.

Les **Coptes** chrétiens sont de même race. C'était entre leurs

---

[1] Ce dernier chiffre, par rapport à l'étendue cultivée qui est de 21,000 kilomètres environ, donne une densité de plus de 250 habitants par kilomètre carré. La densité moyenne est de : 173 pour la Belgique, 104 pour l'Angleterre, 76 pour l'Allemagne, 69 pour la France.

[2] D'après les renseignements recueillis par M. Mac Coan (*Egypt as it is*), la population de l'Égypte proprement dite, évaluée à 5,500,000 individus, se répartit de la manière suivante :

Fellahs	4,500,000
Bédouins....................................	300,000
Turcs.......................................	10,000
Coptes......................................	500,000
Abyssiniens.................................	3,000
Nubiens et Soudaniens	40,000
Juifs	20,000
Rayas grecs.................................	20,000
Syriens	7,000
Arméniens	10,000
Étrangers divers............................	90,000
	5,500,000

mains que se trouvait autrefois tout le maniement des finances. Ils sont toujours dans un état d'infériorité sociale vis-à-vis de la population musulmane.

Les tribus nomades de **Bédouins** de race arabe cultivent presque toutes plus ou moins, mais ne se fixent jamais. « Les Arabes-Bédouins [1] sont la plaie la plus grande de l'Égypte. Il ne faut pas conclure qu'on doive les détruire ; ils sont, au contraire, nécessaires. Sans eux, ce beau pays ne pourrait entretenir aucune communication avec la Syrie, l'Arabie, les oasis, le Sennaar, le Darfour, l'Abyssinie, Tripoli, le Fezzân, etc. Sans eux, les transports du Nil à la mer Rouge seraient impossibles. Ils entretiennent un très grand nombre de chameaux, de chevaux, d'ânes, de moutons, de bœufs qui entrent dans la balance des richesses de l'Égypte... Il serait possible de les détruire, mais de nombreuses tribus arriveraient de l'intérieur de l'Afrique, de l'Arabie, pour s'emparer de leurs pays qui sont l'objet de l'ambition de toutes ces tribus errantes... Les Arabes de l'Égypte s'opposent à ce que les étrangers viennent vivre dans leur domaine. Souvent il faut se battre, cette résistance contient les tribus du grand désert. Détruire les Bédouins, ce serait, pour une île détruire tous les vaisseaux, parce qu'un grand nombre sert à la course des pirates. Lorsque l'Égypte a été gouvernée avec fermeté et justice, les Arabes ont été soumis ; chaque tribu a été obligée de répondre de son désert et de la partie de la frontière qui lui est confiée. »

La masse de la population est musulmane. Les Coptes chrétiens relèvent du patriarche d'Alexandrie, qui réside au Caire. Les Grecs orthodoxes ont un patriarche indépendant. L'Église romaine est représentée par deux vicaires, l'un pour les latins, l'autre pour les coptes unis. Les communautés protestantes développent leurs missions à côté de celle des Franciscains.

L'Égypte, située sur la route que suivent tous les musul-

---

[1] *Mémoires de Sainte-Hélène.*

mans d'Afrique pour aller à la Mecque, traversée sans cesse par les pèlerins qui s'y rendent ou qui en reviennent, doit naturellement participer à tous les mouvements religieux qui agitent l'islam. Dans la ville du Caire, la mosquée d'el Hazar est le centre universitaire le plus considérable du monde musulman. 25,000 étudiants de tous les pays d'Afrique et d'Asie se groupent autour des professeurs qui commentent le Coran. Sur ce nombre, 10,000 sont logés et reçoivent une subvention [1].

L'influence de rayonnement de ce foyer intellectuel et religieux se fait sentir au loin dans toute l'Afrique.

Les Égyptiens eux-mêmes n'étaient cependant pas considérés comme un peuple dangereusement fanatique. Il faut l'attribuer sans doute à la douceur naturelle du caractère des fellahs et à l'intelligence des princes qui ont cherché à faire entrer leur pays dans l'orbite de la civilisation européenne.

Le commerce prenait chaque jour une plus grande importance.

Les exportations de l'Égypte, qui suivaient un mouvement ascensionnel croissant, étaient d'environ 500 millions. L'Angleterre en recevait les huit dixièmes et la France un dixième environ.

L'importation était inférieure à l'exportation; l'Angleterre y figurait pour les quatre dixièmes, la Turquie pour les deux dixièmes, la France pour un peu plus de un dixième.

Il est à prévoir que la crise actuelle (1886) modifiera profondément les conditions économiques de ce beau pays, si mal administré jusqu'à présent par les musulmans et si fâcheusement exploité par les chrétiens.

Les places maritimes principales sont : Alexandrie, Damiette, Port-Saïd et Suez. Les places de l'intérieur : le Caire et Siout.

---

[1] Mme Blanche Lee-Childe, *Revue des Deux-Mondes*, 15 juillet 1882.

Expédition anglaise de 1882.

La question d'Égypte se pose depuis longtemps déjà et a fort préoccupé la France et l'Angleterre qui ont, toutes deux, de grands intérêts à défendre.

En 1878, à l'époque où l'on discutait le démembrement de l'empire ottoman comme une éventualité prochaine, certains hommes d'État recommandaient déjà à l'Angleterre de mettre la main sur le delta et d'imposer sa protection au reste de l'Égypte, et si cette politique n'a pas été suivie, c'est en partie, dit-on, la crainte de mécontenter la France qui a dû influencer l'Angleterre.

Les intérêts de la France et de l'Angleterre, en Égypte, sont de nature très différente. On remarquera que tandis que le nombre des Anglais installés en Égypte n'atteignait pas 4,000 individus, le chiffre des Français et celui des Italiens était de 14,500 pour chacune de ces nationalités, celui des Grecs de 30,000.

On peut se demander actuellement si l'occupation militaire anglaise n'aboutira pas à une prise de possession plus ou moins formelle.

Port-Saïd doit devenir, assure-t-on, une ville tout anglaise, et se substituer, comme importance commerciale, à Alexandrie, où prédominait l'influence de la colonie française.

Mais l'influence de la France en Égypte était aussi une influence morale. Trois grands noms la personnifient : Champollion, Mariette, Lesseps. Si des spéculateurs ont considéré l'Égypte comme une proie à exploiter, il faut reconnaître que c'est grâce surtout à ses savants et à ses ingénieurs, que la France avait acquis sa position privilégiée, et qu'elle peut espérer encore y maintenir l'autorité et le prestige de son nom.

L'expédition anglaise de 1882 et l'insurrection du Soudan ont totalement changé les conditions de protectorat officieux que la France et l'Angleterre exerçaient sur l'Égypte.

L'Angleterre est amenée à assumer les charges actuelles de ce protectorat et en recueillera, sans doute exclusivement, dans l'avenir, les avantages.

Quant à présent, la situation reste très grave dans le Soudan égyptien. Tout le territoire, conquis depuis vingt ans dans la haute vallée du Nil, par les Égyptiens que l'on se plaisait à regarder comme une avant-garde de la civilisation et du commerce européen, semble perdu ; il retombe sous l'influence des musulmans fanatiques et sous le joug de marchands d'esclaves barbares.

L'intervention franco-anglaise dans l'administration intérieure de l'Égypte et la tutelle exercée par la commission qui la représentait, avaient suscité un grand mécontentement dans une partie de la population et amené la formation d'un parti national, à la tête duquel s'était placé un homme hardi, influent, Arabi-Pacha, colonel dans l'armée égyptienne, et ministre de la guerre.

Soutenu par les chefs religieux et encouragé secrètement par la Sublime Porte, il prépara un mouvement militaire, réorganisa les troupes, et fit armer les forts d'Alexandrie.

L'Angleterre se résolut à comprimer de suite ces menées et à intervenir par la force. La France ne s'associa pas à cette manière de voir.

Le commandant de la flotte anglaise intima l'ordre de cesser les travaux de fortification d'Alexandrie. Cet ultimatum n'ayant pas eu de suite, il bombarda la ville et les forts, le 11 juillet 1882, et débarqua des troupes, avec l'intention de marcher sur le Caire.

On doit remarquer qu'en Égypte, et à Alexandrie particulièrement, les intérêts des nationaux anglais étaient beaucoup moindres que ceux des Français et des Italiens.

Alexandrie était, pour ainsi dire, une ville française.

Le système défensif de l'Égypte ne consistait que dans les ouvrages du littoral : forts d'Alexandrie, de Rosette et de Damiette dont l'armement ne pouvait résister aux puissants moyens d'attaques de navires cuirassés ; mais la route qui conduit d'Alexandrie au Caire avait été barrée à Damanhour, à Kafr-Davar, et sur quelques autres points, par des ouvrages en terre assez solides pour que les Anglais, après quelques combats de reconnaissance, jugeassent prudent d'en éviter l'attaque.

Le général sir Garnet Wolseley, qui prit le commandement de l'expédition, abandonna la base d'opérations d'Alexandrie (18 août), fit transporter ses troupes sur le canal de Suez, et se disposa à marcher sur le Caire par Ismaïlia.

Il avait sous ses ordres plus de 30,000 hommes dont 8,000 venant des Indes, et 54 canons.

Aucun préparatif de défense n'avait été fait dans

cette direction par Arabi. M. de Lesseps, pour sauver le canal d'une obstruction par les Égyptiens, avait cru pouvoir affirmer que la neutralité en serait respectée. Les Anglais en prirent néanmoins militairement possession.

Arabi se hâta de barrer la route d'Ismaïlia en plusieurs points ; il fit construire de forts retranchements à Tel el Kebir, et coupa le canal d'eau douce.

Les forces anglaises se portèrent aussitôt en avant. Après quelques engagements assez sérieux, 24, 25, 28 août, elles occupèrent Kassassine, à 50 kilomètres d'Ismaïlia, et rétablirent la conduite d'eau.

Le 9 septembre, elles furent vivement attaquées dans leur camp.

Arabi avait réuni dans les retranchements de Tel el Kebir 20,000 hommes et 60 canons, et de nombreuses forces à Salalieh pour menacer l'aile droite anglaise.

Combat de Tel el Kebir, 13 septembre 1882. — Dans la nuit du 12 au 13 septembre, les Anglais levèrent le camp de Kassassine et se portèrent sur Tel el Kebir qui en était distant de 10 kilomètres environ. L'attaque fut vigoureusement menée. A 6 h. 1/2 du matin, ils étaient maîtres de la position. Leurs pertes étaient d'environ 50 tués et 400 blessés.

Les ouvrages de Tel el Kebir étaient susceptibles d'une forte résistance, mais on a dit que la majeure partie des troupes égyptiennes, dont plusieurs chefs avaient été achetés, étaient disposées d'avance à lâcher pied.

Les résultats de ce combat dépassèrent, en effet, toutes les espérances. Presque tout le matériel de guerre ennemi tomba entre les mains des Anglais. Les troupes d'Arabi se dispersèrent. Lui-même rentra au Caire en chemin de fer.

La cavalerie anglaise prit aussitôt la route du Caire et occupa Zagazig le 13 au soir (27 kilom.).

Bilbeïs fut également occupé, le 13, après une légère résistance (28 kilom.).

Le 14, après une marche de 52 kilom., la cavalerie était aux portes du Caire et, le même jour, le général Wolseley, avec un détachement d'infanterie, y arrivait par chemin de fer.

La résistance céda sur tous les points du Delta.

Cette campagne, si heureusement terminée, avait coûté aux Anglais 79 morts, 578 blessés, 22 disparus.

Arabi-Pacha, traduit devant un conseil de guerre, fut condamné à mort, gracié, puis déporté à l'île de Ceylan.

Les Anglais, militairement maîtres de l'Égypte, avaient la prétention d'y établir leur prédominance politique. Les autres puissances européennes ne leur permettent pas cependant encore de s'y installer comme en pays conquis, et ils se trouvent actuellement aux prises avec les graves préoccupations que leur donne l'insurrection du Soudan.

Campagnes d'Égypte et de Syrie.

DE 1798 A 1801.

Il n'est pas sans intérêt de rappeler les campagnes d'Égypte de l'armée française.

Après le traité de Campo-Formio (1797) qui avait rétabli la paix sur le continent, le Directoire s'était préoccupé des moyens d'atteindre l'Angleterre, l'ennemie la plus implacable de la France.

Plusieurs plans de campagne avaient été discutés pour l'année 1798. On parla d'une descente dans les Iles britanniques, mais cette opération, dont les préparatifs eussent exigé une centaine de millions, était fort difficile à réaliser. Il fut arrêté alors que l'on se bornerait à faire une descente dans l'Irlande, où l'insurrection était prête, et qu'une armée de 30,000 hommes, traversant la Méditerranée, dont l'escadre française de Toulon était maîtresse, opérerait en Orient, occuperait l'Égypte, et menacerait ainsi les établissements anglais de l'Inde, où Tipoo Sahib, les Marhattes, et les Sikhs n'attendaient qu'un signal pour affranchir l'Hindoustan de la domination anglaise. Bonaparte fut placé à la tête de cette expédition. Selon le génie et la fortune du chef qui la dirigeait, les conséquences pouvaient en être considérables, et le jeune général en chef de l'armée d'Italie se croyait lui-même capable de suivre les traces d'Alexandre dans la conquête de l'Asie.

L'effectif à sa disposition s'élevait à 32,000 hommes qui devaient s'embarquer à Toulon, Marseille, Gênes, Civita-Vecchia, et en Corse. Au moment de mettre à la voile, Bonaparte, dans son ordre du jour au corps expéditionnaire, disait : « Soldats, vous êtes une des ailes de l'armée d'Angleterre. » — C'était, en effet, l'influence anglaise qu'on allait combattre dans l'Orient.

L'escadre appareilla le 19 mai 1798. En passant à Malte, elle enleva, sans coup férir, l'île aux chevaliers de l'ordre de Saint-Jean-de-Jérusalem qui se montraient hostiles à la République française et sympathiques aux Anglais. Cette prise de possession ne retarda la marche de l'armée que de dix jours.

Le 1er juillet, la flotte, forte de 300 voiles, était en vue d'Alexandrie et le débarquement s'effectua aussitôt. Nelson avec dix vaisseaux anglais, cherchait la flotte française dont il ignorait la destination. Il avait paru devant Alexandrie et s'était porté ensuite sur les côtes de Caramanie.

Alexandrie fut enlevée d'assaut après une courte résistance. Les proclamations du général en chef firent aussitôt connaître qu'il venait mettre fin à la domination des Mamelouks qui avaient insulté la France, puis il protesta de son respect pour le Coran et de sa volonté de protéger la religion.

Après la prise d'Alexandrie, l'armée française, répartie en cinq divisions, se mit en marche sur le Caire, tandis que l'escadre, malgré les instances pressantes de Bonaparte, s'attardait dans la rade d'Aboukir pour débarquer le matériel, au lieu de se hâter de chercher un abri dans le port d'Alexandrie. Une petite flottille remonta le Nil parallèlement à l'armée, par le bras de Rosette.

On rencontra, pour la première fois, l'armée des Mamelouks, forte de 15,000 à 18,000 hommes, sur les rives du Nil à Chobrâkhyt (Chibrikit). L'impétueuse valeur de cette brillante cavalerie, habituée à dédaigner les troupes à pied des Ottomans, ne put rien contre la solidité des carrés français.

Bataille des Pyramides. — Quelques jours après, le 21 juillet, l'armée, étant en vue du Caire, aux pieds des Pyramides, trouva, rangés devant elle, près de 50,000 hommes, dont 12,000 Mamelouks, commandés par Mourad-Bey. Sur la rive droite du Nil, dont les eaux étaient couvertes par les mâts de la flotte égyptienne, la population entière, hommes, femmes, enfants, était accourue pour voir cette bataille d'où allait dépendre son sort. Comme à la journée précédente, les charges désespérées des Mamelouks vinrent se briser sur les carrés de l'infanterie française. Sept mille périrent dans cette bataille ; les autres purent se retirer avec Mourad-Bey dans la haute Égypte, ou avec Ibrahim-Bey dans la Syrie.

La perte des Français fut de 300 hommes tués ou blessés, celle de leurs adversaires s'éleva à 10,000 hommes.

L'occupation du Caire suivit la victoire des Pyramides. En vingt-trois jours, la basse Égypte était conquise.

Dès lors, dans tous ses actes, Bonaparte ne se départit jamais de la ligne de conduite qu'il s'était tracée, honorant les chefs de la religion, respectant les privilèges et les propriétés des mosquées, restituant aux imâns et aux ulémas les prérogatives administratives et judiciaires que les Turcs leur avaient enlevées. — Par cette prudente politique, il se concilia les sympathies des hommes les plus influents du pays et s'assura leur concours pour maintenir la tranquillité dans la population, tandis que ses troupes allaient combattre et exterminer les débris des Mamelouks. Sachant quelle influence considérable la religion a, de tout temps, exercée sur les peuples de l'Égypte, il prenait soin de réunir et d'entretenir chaque jour les principaux docteurs de l'islam, discutant avec eux sur les choses religieuses et leur laissant espérer sa propre conversion et celle de son armée entière à la doctrine de Mahomet, ne faisant d'objection que sur des points secondaires : sur la circoncision et sur l'usage du vin.

Les docteurs déclarèrent, d'après Mahomet, que la pratique de la circoncision était une œuvre méritoire mais non essentielle pour un musulman. Quant à l'usage du vin, c'était un péché, sans doute, mais ce n'était point une cause absolue d'exclusion. Ces discussions de doctrine, habilement prolongées et conformes, d'ailleurs, au tempérament des sages de l'islam, accrurent, de jour en jour, le prestige et l'influence du chef de l'armée française. Par sa justice et sa prudence, il mérita le nom de *sultan el kébir* et sut éviter tous les dangers que le fanatisme musulman lui aurait créés. Un des généraux français, Menou, accepta même l'islam sans restriction et épousa une femme égyptienne.

Bataille navale d'Aboukir. — Un grand désastre atteignit malheureusement l'armée française. Sa flotte fut attaquée dans la rade d'Aboukir par l'escadre de Nelson et complètement détruite (1er août 1798), mais la fermeté de Bonaparte n'en fut pas ébranlée et il sut contenir ou réprimer les murmures de ses troupes.

On avait occupé Damiette et bâti un fort à Salhieh, sur la limite de l'inondation, à la tête de la route de Syrie.

Conquête de la haute Égypte. — Peu de jours après (25 août 1798), partait l'expédition militaire et scientifique de la haute Égypte, sous le commandement de Desaix.

Desaix a mis cinq mois à la conquête de la haute Égypte. Il employa cinq autres mois à réprimer les insurrections et à consolider la conquête. Bonaparte lui avait donné pour instructions de marcher contre Mourad-Bey, de le poursuivre de manière à le rejeter au delà des cataractes ou dans les oasis, en fortifiant de distance en distance les mosquées qui dominaient le Nil. Il était à prévoir que des révoltes partielles se produiraient pendant cette marche, on aurait à les réprimer plus tard, mais il fallait, tout d'abord, occuper toute la vallée.

Desaix se porta sur le Fayoum, où s'était réfugié Mourad-Bey; il battit à **Sediman** (7 oct. 1798) la petite armée que ce dernier avait organisée; puis successivement, le poursuivant sans cesse, il s'avança jusqu'à Assouan (2 fév. 1799). Mourad-Bey ne put tenir nulle part.

Desaix sut organiser sa conquête avec un si grand talent, que les Égyptiens lui donnèrent le nom de *sultan juste*. « Un Français désarmé pouvait alors parcourir toute la vallée sans courir aucun danger. » Pendant ce temps, les savants de l'Institut d'Égypte exploraient les superbes ruines de la haute Égypte, en prenaient les mesures, et posaient les fondements de ces découvertes merveilleuses continuées de nos jours et qui sont un des honneurs de la science française.

Une colonne expéditionnaire fut envoyée de Kéneh à Koséir où elle laissa garnison, afin d'intercepter les communications de l'Égypte avec l'Arabie.

Expédition de Syrie. — Tandis que Desaix conquérait la haute Égypte, Bonaparte se dirigea sur la Palestine. Son but avait été d'abord de s'ouvrir par là une route vers les Indes, mais la destruction de la flotte à Aboukir, et l'entrée en campagne des armées turques qui en fut la conséquence, modifièrent les vastes plans qu'il avait conçus.

« Pour entreprendre avec espérance de succès, dit-il[1], une guerre sur un théâtre si éloigné (les Indes), il fallait être maître d'une position intermédiaire qui servît de place d'armes. L'Égypte, située à 600 lieues de Toulon, à 1500 du Malabar, était cette place d'arme. La France, solidement établie dans ce pays, deviendrait un peu plus tôt, un peu plus tard, maîtresse de l'Inde. De l'Égypte, une armée montée sur des chameaux, peut arriver à Bassora en un mois, un mois et demi. Et en quarante jours elle serait ensuite aux confins du Mékran, où elle s'approvisionnerait pour le passage du désert jusqu'à l'Indus. Partant de l'Égypte en octobre, cette armée arriverait en mars à sa destination. »

Depuis l'époque où ces lignes ont été écrites, la puissance anglaise s'est assez consolidée dans l'Hindoustan, pour qu'il soit nécessaire de discuter, sur de nouvelles bases, les chances de succès d'une semblable opération. Il n'en reste pas moins certain qu'une entreprise de cette nature ne serait pas irréalisable et l'on comprend quels sont, par conséquent, les intérêts majeurs qui guident la politique anglaise en Égypte et dans le bassin de l'Euphrate.

Bonaparte avait calculé, avant de partir de France, le temps et les moyens pour faire la conquête de l'Égypte. Il avait

---

[1] *Mémoires de Sainte-Hélène.*

pensé que, parti de Toulon en juillet 1798, il pourrait, à l'automne de 1799, marcher sur les Indes avec son armée renforcée de 15,000 noirs du Sennar et du Darfour, et 15,000 Syriens, Grecs, Coptes, Mamelouks, etc. L'Égypte pouvait lui fournir, en outre, tous les moyens de transport, chevaux, chameaux, etc., et tout le matériel nécessaire.

Mais, lorsqu'il entreprit l'expédition de Syrie, Bonaparte avait abandonné ces projets et il se proposait seulement d'arrêter les armées turques et d'assurer la possession de l'Égypte. L'ensemble des forces qu'il destinait à cette campagne formait un chiffre de 13,000 hommes.

Le fort d'el Arich, qui commande la route de Syrie, sur la frontière d'Égypte, fut bombardé et pris après une énergique résistance (15 fév. 1799).

L'armée turque, commandée par Abdallah, fut battue aux portes de Gaza, qui se rendit (25 fév.). Ce qui en restait alla s'enfermer dans Jaffa; mais cette ville fut assiégée et prise en quelques jours (7 mars), Abdallad fait prisonnier.

Le passage d'un climat sec à un climat excessivement humide occasionna dans l'armée de nombreuses maladies qui offrirent bientôt tous les symptômes de la peste. Il était urgent de s'éloigner de ce foyer d'infection et, d'ailleurs, il était non moins important de s'emparer de Saint-Jean-d'Acre.

Siège de Saint-Jean-d'Acre. — La flottille qui portait le matériel de siège fut malheureusement dispersée ou prise par deux vaisseaux anglais, et les seuls gros canons dont on disposait dans la première partie du siège, avaient été enlevés à une chaloupe turque et à une chaloupe anglaise à Hayfa [1]. Plus tard on reçut plusieurs pièces de gros calibre.

Le siège de Saint-Jean-d'Acre dura soixante-deux jours; il se composa de deux périodes, séparées par le combat du

---

[1] On n'avait pas de projectiles pour ces pièces. Afin de s'en procurer, les soldats allaient insulter les vaisseaux anglais. Ceux-ci couvraient alors la plage de leurs boulets que l'on ramassait pour les porter au parc.

Mont-Thabor (16 avril 1799) dans lequel fut battue l'armée du pacha de Damas ; mais la résistance dirigée par un colonel français émigré, Phelippeaux, ne put être vaincue. Une armée de secours était arrivée de Rhodes. Les nouvelles d'Europe faisaient prévoir à Bonaparte des événements considérables dans lesquels il brûlait de jouer un rôle. Il leva le siège et ramena son armée en Égypte.

Elle avait perdu environ 1500 hommes.

Bataille d'Aboukir. — Quelques semaines plus tard, une flotte ottomane-anglaise débarquait une armée turque dans la presqu'île d'Aboukir (14 juill.). Bonaparte l'attaqua le 25 juillet, et la détruisit complètement [1].

Les nouvelles qu'il recevait d'Europe devenaient de plus en plus alarmantes ; il prit la résolution de rentrer en France.

Dans l'état des choses, sans communications avec l'Europe, il était impossible de rien entreprendre en Asie. L'Égypte était pacifiée et tranquille ; les Mamelouks réduits à rien ; les armées turques détruites et hors d'état de rien tenter. Il pensait qu'il ne s'agissait plus que d'organiser le pays et d'en assurer l'administration ; mais c'était, en réalité, la tâche la plus difficile. Bonaparte la laissa à Kléber.

Il s'embarqua le 24 août 1799 et arriva heureusement devant St-Raphaël, le 9 octobre, après avoir échappé aux croisières anglaises.

Dernière période de la campagne et évacuation. — Après le départ de Bonaparte, le sentiment général de l'armée, celui des états-majors et du nouveau général en chef se montrèrent de moins en moins favorables à l'occupation de l'Égypte. Kléber entra bientôt en pourparlers avec le commodore Sidney-Smith paur traiter de l'évacuation. Une conven-

---

[1] 2,000 tués, 3,000 prisonniers, 10,000 à 11,000 noyés ; c'est à peine s'il se sauva 1200 hommes. Les pertes des Français furent de 200 tués et 550 blessés.

tion fût, en effet, conclue, d'après laquelle l'armée, avec tous ses équipages, serait rapatriée; mais l'amiral anglais Keith, commandant dans la Méditerranée, refusa de la reconnaître et déclara que les seules conditions de la capitutation seraient la remise de l'armée comme prisonnière.

Kléber recouvra toute son énergie. « *Soldats!* s'écria-t-il, *on ne répond à de telles insolences que par des victoires; préparez-vous à combattre!* »

Une armée turque, forte de 60,000 hommes, commandée par le grand vizir, était déjà dans le delta, et 45,000 hommes aux portes du Caire prêts à être soutenus par une insurrection du peuple. Kléber se jeta sur elle, la bouscula dans les plaines d'**Héliopolis** (25 mars 1800). Le vizir s'enfuit jusqu'à Gaza, où il arriva avec 5,000 hommes seulement.

Peu de temps après, Kléber tombait sous le poignard d'un fanatique. Le général Menou prit le commandement de l'armée.

La flotte anglaise se rendit maîtresse de **Malte** par une capitulation qui suivit un blocus de deux ans (5 sept. 1800). L'Angleterre ne devait jamais rendre cette île. Elle se décida ensuite à une grande opération pour la conquête de l'Égypte, avec une armée de 60,000 hommes, dont 26,000 Turcs et 34,000 Anglais, sur lesquels 8,000 environ furent tirés des Indes et amenés par la mer Rouge.

Le général Abercromby opéra un débarquement de vive force sur la plage d'Aboukir, avec une armée de 20,000 hommes (3 mars 1801). Les troupes françaises avaient encore plus de 27,000 hommes, mais répartis sur un assez grand territoire, et obligés de faire face de plusieurs côtés. Elles se concentrèrent partie au Caire, partie à Alexandrie, sous les murs de laquelle plusieurs engagements énergiques eurent lieu. Le général Abercromby fut tué et remplacé par le général Hutchinson.

Au mois de mai l'armée turque arriva par la Syrie, et marcha sur le Caire de concert avec les Anglais.

Le général Belliard dut capituler au Caire avec 14,000 hommes (25 juin) ; ses troupes furent ramenées en France.

Quelques temps après, Menou cédait à son tour, dans Alexandrie, avec 10,000 hommes (2 sept. 1801).

Le total des troupes ramenées en France, comparé aux effectifs d'embarquement, fait ressortir une perte de 3,400 hommes pour l'expédition.

Les Anglais avaient fait venir des Indes un corps d'environ 8,000 hommes qui fut débarqué à Koséïr (20 juill.), marcha sur Kéneh, et, de là, s'embarqua pour descendre le Nil. Il arriva après la capitulation du Caire, et ne coopéra point aux opérations.

Le grand vizir rétablit l'autorité de la Porte.

Quelques années plus tard, après Austerlitz et Iéna, les Anglais voulant forcer le sultan à se déclarer contre la France, débarquèrent une division de 6,000 hommes devant Alexandrie (16 mars 1807). La ville n'avait qu'une garnison de 400 hommes ; elle se rendit.

Les Anglais cherchèrent, en vain, à s'emparer de Rosette. Enfin, ayant subi plusieurs échecs assez considérables, ils acceptèrent une capitulation et évacuèrent l'Égypte (22 sept. 1807) après un séjour de six mois.

« Le projet de s'emparer d'Alexandrie en temps de paix, dit Napoléon dans ses *Mémoires de Sainte-Hélène*, était injuste et contraire au droit des gens, mais il était utile à l'intérêt anglais pour lui assurer l'empire de l'Hindoustan et l'établissement d'un comptoir à Suez. »

En quittant Alexandrie, après une capitulation, le général Stuart fit couler dans les passes du vieux port un grand nombre de gros transports chargés de pierres..., de manière à détruire un port qu'il ne pouvait conserver.

C'était violer tous les droits et « se jouer de tout ce qu'il y a de plus sacré parmi les hommes ».

Les instructions que Bonaparte laissa à ses généraux, à son

départ d'Égypte, sont intéressantes à citer. Ces conseils, donnés par un homme qui avait une si profonde connaissance de l'art de manier les peuples seraient encore utilement médités de nos jours, pour régler l'administration en pays musulman.

Mémoire sur l'administration intérieure. — « Il nous est impossible de prétendre à une influence immédiate sur des peuples pour qui nous sommes si étrangers ; nous avons besoin, pour les diriger, d'avoir des intermédiaires ; nous devons leur donner des chefs, sans quoi ils en choisiront eux-mêmes. J'ai préféré les ulémas ou les docteurs de la loi : 1° parce qu'ils l'étaient naturellement ; 2° parce qu'ils sont les interprètes du Coran et que les plus grands obstacles que nous avons éprouvés et que nous éprouverons encore proviennent des idées religieuses ; 3° parce que les ulémas ont des mœurs douces, aiment la justice, sont riches et animés de bons principes de morale. Ce sont, sans contredit, les plus honnêtes gens du pays. Ils ne savent pas monter à cheval, n'ont l'habitude d'aucune manœuvre militaire, sont peu propres à figurer à la tête d'un mouvement armé. Je les ai intéressés à mon administration. Je me suis servi d'eux pour parler au peuple, j'en ai composé les divans de justice ; ils ont été le canal dont je me suis servi pour gouverner le pays. J'ai accru leur fortune ; je leur ai donné, en toutes circonstances, les plus grandes marques de respect. Je leur ai fait rendre les premiers honneurs militaires ; en flattant leur vanité, j'ai satisfait celle de tout ce peuple. Mais ce serait en vain qu'on prendrait ces soins pour eux, si on ne se montrait pas pénétré du plus profond respect pour la religion de l'islamisme et si on permettait aux Coptes chrétiens, grecs et latins, des émancipations qui changeassent leurs rapports habituels. J'ai voulu qu'ils fussent encore plus soumis, plus respectueux pour les choses et les personnes qui tenaient à l'islamisme que par le passé[1]... »

[1] Rapprocher cette observation du principe de l'émancipation des Israélites de l'Algérie

« Il faut se donner les plus grands soins pour persuader aux musulmans qu'on aime le Coran et qu'on vénère le Prophète. Un seul mot, une seule démarche mal calculée peut détruire le travail de plusieurs années. Je n'ai jamais permis que l'administration agît directement sur les personnes ou le temporel des mosquées ; je m'en suis toujours rapporté aux ulémas et les ai laissés agir. Dans toute discussion contentieuse, l'autorité française doit être favorable aux mosquées et aux fondations pieuses. Il vaut mieux perdre quelques droits et ne pas donner lieu à calomnier les dispositions secrètes de l'administration sur ces matières si délicates. Ce moyen a été le plus puissant de tous, et celui qui a le plus contribué à rendre mon gouvernement populaire. La contribution de six millions, qu'à mon arrivée j'ai été obligé de lever sur la ville, a excité moins de murmures et a été payée avec plus de facilité, parce que je n'ai employé que des cheiks pour la répartir et la percevoir... »

Mémoire sur la défense de l'Égypte. — Au sujet de la défense de l'Égypte, Bonaparte écrivait encore :

« L'Égypte ne peut pas être attaquée par la frontière du sud. Si, il y a plusieurs années, elle fut conquise par une irruption d'Éthiopiens, c'est qu'alors le haut Nil était habité par de nombreuses et puissantes nations, dont il ne reste plus que de magnifiques ruines que l'on voit dans l'île de Méroë ou dans les plaines de Sennar. Elle ne peut pas être davantage attaquée par les frontières de l'ouest. Les califes Fatimites arrivèrent, il est vrai, dans le Xe siècle par ce côté ; c'est qu'alors la Cyrénaïque et le pays des Mariotes contenaient de grandes villes et de grandes populations, qui ne subsistent plus... Derne, qui est la première ville que l'on trouve de ce côté, est séparée d'Alexandrie par 150 lieues de désert. La mer Rouge couvre l'Égypte à l'est et le Nil est séparé de la mer par des montagnes escarpées et par des déserts arides. On ne peut donc pénétrer du côté de l'est qu'en traversant l'isthme de Suez par le chemin de Gaza, et

Arich, Gatieh et Sàlhyeh. Ce chemin traverse un désert de 70 lieues, qui est presque impraticable pour une armée pendant six mois de l'année et qui, dans toutes les saisons, exige une immense quantité de chameaux et d'outres. L'Égypte est dans une circonstance unique. Sur six cents lieues de frontières de terre, elle n'est attaquable que par un seul chemin. C'est, en effet, par cette route que Cambyse et ses successeurs, les rois de Perse, ceux de Syrie, Alexandre, les Séleucides, les califes de Bagdad, les Tartares, les Ottomans l'ont envahie....

« La frontière du nord est couverte par la Méditerranée. Sur 120 lieues de côtes, un débarquement ne peut s'opérer que sur trois points : Alexandrie, Aboukir, et Damiette. »

Actuellement, une armée européenne pourrait attaquer l'Égypte en opérant des débarquements simultanés sur la côte de la Méditerranée, à Alexandrie ou à Damiette, sur la côte de la mer Rouge, à Koséir, de manière à prendre la haute et la basse Égypte à revers, et enfin sur le canal de Suez, à Ismaïlia, dont l'importance militaire est comparable à celle d'Alexandrie. C'est, en effet, ce plan de campagne que les Anglais ont adopté en 1882.

Une armée turque aurait seule avantage à faire suivre la route de Syrie à des troupes qui coopéreraient avec des corps de débarquement.

Enfin, les événements récents montrent que l'Égypte est de nouveau exposée à l'invasion des populations éthiopiennes ou soudaniennes.

Nubie et Soudan.

Le siège du commandement militaire des Égyptiens dans la Nubie et les provinces frontières du sud (ou Soudan) était à **Khartoum**, dont les insurgés soudaniens sont maîtres depuis 1884.

Sous le nom de Nubie ou Éthiopie, on entendait généralement la haute vallée du Nil jusqu'au confluent de l'Atbara.

Le nom de Soudan est, au contraire, très général et on l'a appliqué à toutes les régions centrales de l'Afrique, habitées par les noirs, depuis le Sénégal jusqu'aux côtes de Zanzibar.

Les Nubiens forment un peuple à part, d'une grande beauté de formes, au teint presque noir, mais avec des traits fins et des cheveux lisses et abondants. Les Soudaniens sont, au contraire, des noirs de différents types, mais, en général, aux cheveux crépus et à la face écrasée.

La Nubie a connu, comme l'Égypte, des temps de grande prospérité. Les ruines considérables de Gebel-Barkal (ancienne Napata) et celles du temple de Méroë rappellent la grandeur des prêtres-rois qui gouvernaient le pays et luttaient de puissance avec les rois de l'Égypte.

En 1821, la Nubie fut conquise par les Égyptiens. Depuis lors, les relations commerciales se développèrent ; une ligne télégraphique allait jusqu'à Sennar, jusqu'à el Obéid dans le Kordofan, et se continuait dans le Darfour, les ports de Massaouâ et de Souakim recevaient des caravanes de plus en plus nombreuses.

L'insurrection religieuse du Soudan a ruiné toutes les espérances que l'on avait conçues.

La navigation du **Nil** est facile jusqu'à **Assouan** où se trouve les **premières cataractes**. Au delà, le fleuve est divisé en plusieurs biefs par des rapides que les navires ne peuvent franchir. Un chemin de fer, construit sur la rive droite, permet de dépasser la première cataracte et l'on peut continuer jusqu'à Ouadi-Halfah, où se trouve là **deuxième cataracte**, appelée aussi la Grande Cataracte. Elle a plus de dix mètres de chute.

Un chemin de fer partant de Ouadi-Halfah permet de tourner la deuxième cataracte, il aboutit à Sarras (55 kilom.); on avait l'intention de le prolonger jusqu'en amont du rapide d'Amboukol, à 50 kilom. plus loin.

Mais, pour se rendre au Soudan, on s'arrête ordinairement à Korosko, afin d'éviter la grande courbe que le fleuve décrit à l'ouest, et les cataractes successives; une route de désert, longue de 400 kilomètres à vol d'oiseau, rejoint le fleuve à Abou-Hamed.

Entre Korosko et Abou-Hamed, les points les plus notables du fleuve sont : Hannik (**3e cataracte**), Maraka ou le nouveau Dongola, limite méridionale de l'occupation militaire des Anglo-Égyptiens (1886), et l'ancien Dongola, points de départ des caravanes du Darfour; Debbeh, Amboukol, Korti, points de départ des routes de Khartoum à travers le désert de Bayuda, que l'on traverse pour éviter la grande courbe que le Nil décrit à l'est (350 kilom. environ).

C'est à Korti que les Anglais établirent leur quartier général pendant la marche des avant-gardes sur Khartoum (7 janvier 1885).

En amont de Méroë, autrefois si célèbre pour son temple, se trouve la **4e cataracte**.

Entre Abou-Hamed et Khartoum, se trouvent les **5e** et **6e cataractes**, et en amont de la 5e le point important de Berber.

Berber est à vingt-cinq jours de marche d'Assouan, à dix-huit journées de Sennar, et à la même distance du port de Souakim sur la mer Rouge, à 5 jours de navigation de Khartoum. La ville est sur la route que suivent les pèlerins du Darfour, du Sennar, et de tout le Soudan, pour se rendre à la Mecque. C'est par Berber que peuvent s'établir les relations les plus courtes entre Khartoum et la mer Rouge.

A quelque distance, en amont, le Nil reçoit son dernier affluent, l'**Atbara**, qui lui amène les eaux d'une partie de l'Abyssinie.

A moitié distance de Berber et de Khartoum, se trouve Chendy (r. d.) et Metammeh (r. g.);

Chendy a été autrefois la capitale des rois de Nubie; c'est une localité importante, située en aval de la **6ᵉ cataracte**.

En face de Khartoum (r. g.) le bourg d'Omdurman.

L'immense région à laquelle on donne le nom de **Soudan** peut se diviser en trois zones distinctes. La première, entre le 16° et le 9° degré. C'est la région des pluies estivales. Arrosée régulièrement, elle présente de vastes forêts de gommiers et d'acacias; pendant les pluies, le sol se couvre d'une luxuriante végétation, qui disparaît sous la sécheresse des mois d'avril et de mai.

Au sud du 9ᵉ degré de latitude, la pays présente l'aspect d'un vaste marécage sur une étendue de 500 à 600 kilomètres.

Enfin, à partir de Gondokoro (5ᵉ degré de latitude), le pays se relève; il redevient sain et fertile, c'est la région des grands lacs, à une altitude qui varie de 800 à 1100 mètres.

A mesure que l'on se rapproche de l'équateur, la durée des pluies augmente et, au cœur du Soudan, la saison pluvieuse dure dix mois.

Les Égyptiens pénétrèrent pour la première fois dans le Soudan en 1819. Ismaïl-Pacha, fils de Mehemet-Ali, s'avança jusqu'à Sennar. En 1821, il périt avec la plupart de ses soldats, brûlé dans son camp, à Chendi, par un chef rebelle qu'il avait insulté en le frappant de sa chibouque; d'autres expéditions furent envoyées dans le Soudan et l'autorité des Égyptiens s'affermit peu à peu dans le pays; Khartoum fut choisi comme centre du commandement des trois nouvelles provinces annexées : le **Kordofan**, le **Sennar**, et le **Takalé** (1848).

Le Kordofan avait pour capitale el Obeïd, ville de 35,000 ha-

bitants dans laquelle étaient établis quelques marchands grecs
et des missions catholiques.

**Découvertes des sources du Nil et conquête du Sou-
dan.** — En 1858, les voyageurs Burton et Speke, partis de
la côte de Zanzibar, avaient atteint le lac **Tanganiyka**, et,
remontant vers le nord, avaient découvert un lac, plus considérable encore, sous l'équateur même ; ils l'appelèrent le
Victoria N'yanza (lac Victoria).

En 1861-62, dans un nouveau voyage, Speke et Grant re-
connurent un grand cours d'eau qui sortait du lac Victoria
vers le nord. C'était le Nil blanc, dont ils venaient de décou-
vrir les sources.

Sir Samuel Baker, partant de Gondokoro, au moment où
Speke et Grant y arrivaient, vérifia, de son côté, l'entrée et
la sortie du Nil blanc dans un autre lac situé plus au nord et
qu'il nomma l'**Albert N'yanza**. Le Nil est navigable entre ce
lac et le village de Dufli où se trouvent des cataractes.

Baker devait être, quelque temps après, l'agent le plus actif
des conquêtes des Égyptiens dans ces hautes régions.

Vers l'année 1860, l'Égypte avait donc déjà fait reconnaître
son autorité dans la région comprise entre le Nil et l'Atbara
d'un côté, et de l'autre sur la rive gauche du Nil dans le Kordofan et le Takelé jusqu'au 10° de latitude environ.

Dix ans plus tard (1869), Baker-Pacha était nommé gouverneur de tout le pays au sud de Gondokoro.

Khartoum (alt. 378ᵐ), au confluent du **Nil blanc** et du
Nil bleu, qui descend des plateaux de l'Abyssinie et traverse le Sennar, fut désigné comme la capitale du Soudan
égyptien. La ville a été fondée en 1823 ; elle avait 50,000 ha-

---

¹ Consulter : *Report on the egyptian provinces of the Sûdan, Red
sea, and Equator, compiled in the intelligence Branch War Office*,
London, 1883.

bitants. C'était le point de départ des expéditions militaires, commerciales ou scientifiques vers le sud, est le centre d'un actif commerce. Température excessive.

Les points notables du Nil blanc sont en amont :

Douêmc, point de départ de la route d'el Obéid.

L'île d'Aba, ancienne résidence du mahdi Mohammed, Kaka, Fachoda, Sobat au confluent de la rivière du même nom (r. d.).

Le lac No, où vient tomber (r. g.) le Bahr-el-Ghazal.

Gondokoro (à 5° de lat. nord, à 627ᵐ d'altitude) à 300 lieues environ à vol d'oiseau de Khartoum et de Zanzibar, en face de Lardo. Ces deux villes ont été successivement les chefs-lieux militaires du haut Soudan.

Parti de Khartoum au mois de février 1870, Baker-Pacha annexait Gondokoro au mois de mai 1871 ; il plaçait des garnisons plus au sud à Masindi, Foweira, Fatiko, déclarait l'Ounyoro province égyptienne et entrait en relations avec Mtéza, le roi de l'Ougonda, qui est maître d'un pays de 5 millions d'habitants sur les bords du Victoria N'yanza.

Baker interdit le commerce des esclaves dans tout le territoire qu'il avait soumis.

Le commerce des esclaves qui se continue, malgré toutes les entraves, en Égypte, en Tripolitaine, dans les colonies portugaises, etc., s'alimente par d'odieuses chasses à l'homme dont le docteur Nachtigal a révélé toute l'horreur. Pendant un voyage qu'il fit de 1869 à 1874 dans le bassin du lac Tchad, il a été témoin de véritables battues, conduites par les marchands d'esclaves et par les chefs du pays, à la suite desquelles la marchandise humaine, traquée à coups de fusil dans les bois, était réunie en troupeaux et acheminée vers les marchés.

Les efforts de Baker-Pacha, les expéditions militaires qu'il entreprit n'eurent d'autre résultat que la destruction de quelques postes de chasseurs d'esclaves, bien vite rétablis peu de temps après. Des massacres s'ajoutèrent à d'autres massacres; et les marchands d'hommes recherchèrent momentanément d'autres débouchés. On ne peut guère espérer mettre fin à cet odieux trafic, que l'islam autorise et encourage, tant que les harems de l'Orient auront besoin d'eunuques, de servantes, et tant que la civilisation n'aura pas trouvé le moyen de substituer partout le travail libre au travail servile.

Il faut se rendre compte également que l'esclavage est, en quelque sorte, la base de l'organisation sociale rudimentaire des populations africaines. Chacun n'a d'autre souci que de mettre la main sur son voisin et d'en faire sa propriété. L'esclave a souvent lui-même d'autres esclaves. Les armées des marchands d'esclaves sont composées d'esclaves qui combattent avec un singulier acharnement ceux-là mêmes qui prétendent changer leur condition. Que faire en présence d'une telle situation ? Attendre du temps et du progrès lent de la civilisation, la réhabilitation de la race humaine, qu'il est impossible d'obtenir de la force.

L'abolition de la traite ne semble guère avoir amélioré la condition de l'esclave noir. La valeur de l'homme a baissé, voilà tout, et les odieux despotes africains massacrent les malheureux qu'ils ne trouvent plus à vendre.

Baker-Pacha rentra au Caire en 1873. Il fut remplacé l'année suivante par un autre officier anglais, Gordon-Pacha, qui continua son œuvre et affermit l'autorité de l'Égypte dans la haute vallée du Nil blanc. Il fut gouverneur du Soudan de 1874 à 1879 [1].

A la même époque, les troupes égyptiennes pénétraient dans le Darfour, à l'ouest du Kordofan, et annexaient le pays, dont el Facher (agglomération de 2,000 à 3,000 habitants) est la capitale.

Gordon fit transporter des bateaux à vapeur démontés en amont de la cataracte de Dufli ; le but qu'il poursuivait était de s'établir fortement dans la région des lacs qui est la plus

---

[1] Gordon-Pacha, qu'on appelait familièrement Gordon le Chinois, avait été pendant plusieurs années un des instructeurs anglais des troupes chinoises.

productive. Dans une de ces expéditions fut tué un de ses meilleurs officiers, le français Linant-Bey. Il voulait aussi chercher à établir des relations avec les côtes de l'océan Indien et, dans ce but, une reconnaissance maritime, dirigée par un officier anglais au service de l'Égypte, fut faite près de l'embouchure de la rivière de Juba.

Les Égyptiens occupèrent (nov. 1875) deux points fortifiés de la côte : Breiva et Kysmayo, qui appartenaient au sultan de Zanzibar. Ce prince favorisait les entreprises des négociants et des explorateurs européens ; il avait aboli le commerce des esclaves dans ses états et entretenait de bonnes relations avec l'Angleterre. Il réclama son intervention pour arrêter les conquêtes égyptiennes, et, en effet, le khédive dut renoncer à son projet, mais son autorité fut tacitement reconnue sur la côte, jusqu'au 10° de latitude.

Insurrection du Soùdan. — Ces conquêtes ne se firent pas sans luttes sanglantes avec les chefs du pays. L'abolition de la traite des esclaves, non seulement ruinait la plupart d'entre eux, mais introduisait un nouvel ordre social auquel le pays n'était nullement préparé. Aussi, lorsque, dans l'année 1883, commença, dans le Soudan oriental, l'agitation religieuse provoqué par le mahdi, lui fut-il facile de grouper autour de lui tous les chefs mécontents et les populations même exploitées par eux.

Le mahdi, Mohammed Ahmed, était né à Dongola en 1844 d'une pauvre famille ; après avoir étudié à Khartoum, il habita l'île d'Aba sur le Nil blanc. Il y avait à peu près quinze ans qu'il y vivait entouré de vénération, lorsqu'il songea à se faire passer pour le madhi, c'est-à-dire pour le nouveau prophète promis par les traditions. Il écrivit, de tous côtés, aux cheiks des tribus, leur annonçant sa mission et la fin de la domination turque.

Réouf-Pacha, alors gouverneur de Khartoum, informé de ses prédications, le fit inviter à se rendre à Khartoum. Il refusa. Un détachement de 200 hommes, envoyé pour se saisir de lui, fut massacré. Ahmed se retira dans les montagnes de Gadir (sept. 1881), entre le Kordofan et le Nil, au sud-est d'Obéid, dans le pays des Shillouk ; une première colonne de 500 hommes envoyée contre lui fut détruite (nov. 1881).

Au mois d'avril 1882, une deuxième colonne, forte de 7,000 hommes, avec 6 canons, partit également de Fachoda, arriva à Gadir. Elle fut inopinément attaquée par plus de 50,000 insurgés et détruite.

Le Sennar se révolta à son tour.

A cette époque se place l'intervention militaire anglaise dans les affaires de l'Égypte, et il est hors de doute que le trouble qui en résulta favorisa l'insurrection du Soudan. Une partie des troupes débandées d'Arabi allèrent grossir les forces du mahdi, et c'est aux Anglais qu'incombe dès lors la tâche difficile d'en arrêter les progrès.

Au mois de septembre 1882, le mahdi était sous les murs d'**el Obéid** avec près de 200,000 hommes. Il attaqua la ville, mais fut battu. Il en établit alors le blocus. Une colonne de 3,700 hommes envoyée au secours d'el Obéid fut enveloppée et un millier d'hommes seulement échappèrent.

Tous les petits postes du Kordofan furent successivement enlevés par les insurgés. Battus dans quelques rencontres, ils furent plus souvent victorieux.

Une colonne, plus fortement organisée encore que les précédentes, fut envoyée dans le Kordofan sous le commandement du général anglais Hicks. Elle fut totalement détruite, le 1er novembre 1882, dans les défilés de Kasch au sud-ouest d'el Obéid. On a dit qu'une partie des troupes égyptiennes était passée à l'ennemi. El Obéid se rendit après 4 mois 1/2 de résistance (17 janv. 1883).

Au mois de février 1883, les communications de Khartoum avec l'Égypte étaient sérieusement menacées ; Souakim (qu'occupait une garnison anglo-égyptienne) était bloqué et une colonne de plus de 3,000 hommes, commandée par Baker-Pacha, était presque anéantie dans les environs.

Il semble que les troupes égyptiennes, frappées d'une terreur superstitieuse, sont vaincues avant de combattre et que l'armée fanatisée du mahdi ne s'arrêtera plus que devant des troupes européennes.

La situation semblait désespérée lorsque Gordon-Pacha, l'ancien gouverneur du Soudan, se rendit seul à Khartoum et alla bravement s'y enfermer. Il ne tarda pas à être étroitement bloqué.

Osman-Digma, un des lieutenants du mahdi, intercepta toutes les communications avec Souakim. Les insurgés occupèrent deux petites villes voisines de ce port : Sinkat et Tokar (16 fév. 1884).

Bataille de Teb. — Les Anglais s'efforcèrent en vain de rétablir les communications entre Souakim et Khartoum, en partant de Souakim.

Le 1ᵉʳ mars 1884, le général Graham avec une colonne de 4,000 hommes dont 750 cavaliers et 14 pièces, attaqua l'ennemi près des sources de Teb, à 3 milles du fort Baker (Souakim). La lutte fut énergique; les Arabes avaient des canons (on leur prit 4 pièces Krupp, 2 obusiers, 1 mitrailleuse).

Le lendemain, Tokar (9 milles de Souakim) fut réoccupé sans résistance; mais ces succès restèrent stériles.

A l'automne 1884, une forte expédition, commandée par le général Wolseley, fut envoyée au secours de Khartoum en remontant le Nil. Le total des forces sous ses ordres était de 8,000 hommes. Il avait pour mission de ramener la garnison de Khartoum; quant aux garnisons égyptiennes du Darfour, du Bahr-el-Gazal, et du Sennar, elles devaient être abandonnées à leur sort.

Le général Wolseley arriva à Dongola au commencement

de novembre avec l'avant-garde; mais la marche des troupes était excessivement lente et pénible.

Le 17 janvier 1885, l'avant-garde anglaise, qui avait pris la route de terre sous les ordres du général Stewart fut vigoureusement attaquée par un corps d'environ 10,000 hommes; elle le repoussa et put occuper les puits d'Abou-Kléa. Quelques jours après, elle se mettait en relations avec des navires à vapeur venus de Khartoum.

Le colonel Wilson s'embarqua sur ces navires avec un détachement d'avant-garde. Il remonta le Nil en passant sous le feu de l'ennemi qui occupait les deux rives, et arriva sous les murs de Khartoum (fév. 1885). — *La place était aux mains des rebelles. Gordon et ses compagnons avaient été massacrés.*

Le mahdi est mort dans le courant de l'année 1885; son autorité est passée aux mains de ses lieutenants, qui ne paraissent pas avoir hérité de son prestige et de son influence religieuse, mais qui néanmoins se maintiennent maitres de toute la région du haut Nil, au sud de Dongola (1886). |

Mer Rouge.

Le canal allongé formé par la mer Rouge entre les côtes d'Arabie et celles d'Afrique est, quant à présent, la route la plus directe pour le commerce de l'Europe avec l'Extrême-Orient.

Il est fermé à son extrémité méridionale par le détroit resserré de Bab-el-Mandeb (porte des larmes ou de la désolation), et se termine vers le nord par deux golfes étroits qui enveloppent la presqu'île de l'Arabie Pétrée : à l'ouest le golfe de Suez, à l'est celui d'Akabah.

Ses côtes n'offrent que de mauvais abris aux navires, les vents y sont dangereux ; aussi, avant l'emploi de la vapeur, la navigation en était-elle très difficile. Actuellement, et surtout depuis l'ouverture du canal de Suez, c'est certainement une des routes maritimes les plus fréquentées du globe.

Les ports principaux de la côte d'Arabie sont : Moka, Hodeida, et Loheia sur la côte du Yemen, Djedda qui est le port de la Mecque, Yambo qui est le port de Médine ; il offre un bon abri et pourrait contenir de grandes escadres.

Sur la côte égyptienne, nous avons déjà signalé les ports de Koséir, de Souakim, et de Massaouâ [1].

Souakim est à 15 journées de marche environ de Berber, c'est le point de la côte le plus rapproché du haut Nil ; pour cette raison, il est fréquenté par de nombreuses caravanes de pèlerins. Sa population est de 2,000 à 3,000 habitants en été, et de 12,000 environ en hiver.

Massaouâ est un des meilleurs ports de la côte d'Afrique ; les points les plus importants : Souakim, Massaouâ, Zoulla ; il est bâti sur un îlot relié par un point à la terre ferme. Les Égyptiens l'ont occupé en 1866. Ils avaient des garnisons sur

---

[1] C'est près de Koséir et non pas au 24° degré comme le marquent certaines cartes, que se trouvait le port de Bérénice, fondé par Ptolémée (*Mémoires de Sainte-Hélène*).

Zeila, Berbera, ils avaient acheté le consentement du sultan et la cession des droits nominaux qu'il exerçait sur ces pays musulmans, par une augmentation du tribut annuel.

Ils avaient ainsi isolé l'Abyssinie de la côte; mais les Abyssiniens n'ont pas cessé de réclamer un libre accès vers la mer et particulièrement le port de Massaouâ et la baie de Zoulla [1] (ou d'Annesley) qui leur ont appartenu.

Les Égyptiens avaient aussi étendu leur autorité sur les Bogos et sur quelques autres tribus de la frontière abyssine.

Les **Bogos** sont un petit peuple chrétien de 18,000 à 20,000 âmes; leur principal centre est Kéren, chef-lieu des missions catholiques d'Abyssinie. Les Bogos avaient demandé le protectorat de la France, ce qui n'empêcha pas leur absorption par l'Égypte en 1872.

En 1876, un corps d'Égyptiens, commandé par Réouf-Pacha, parti de Zeila, s'était emparé de l'État de **Harrar**, ancien pays chrétien, devenu musulman, d'une population d'un million et demi d'habitants environ, avec des villes bâties en pierre, dont Adar, la capitale (alt. 1730 m.), a 30,000 habitants, un territoire fertile, des mines d'or et de charbon et un climat sain.

Les Égyptiens ont dû abandonner toutes ces conquêtes. Zeila et Barbera sont occupés par les Anglais: Massaouâ par les Italiens.

Les Abyssiniens ont pris Keren en 1883.

La côte de **Samhar**, qui continue vers le sud, est bordée par une longue dépression de 60 à 175 mètres au-dessous du niveau de la mer. Inexplorée jusqu'en 1868, elle est remarquable par ses collines et par ses lacs salés, où viennent s'approvisionner toutes les populations de l'Abyssinie.

---

[1] Zoulla (Adoulis de Ptolémée) était autrefois un port fréquenté. Ce n'est plus qu'un misérable village. C'est là que débarqua en 1867 l'expédition anglaise conduite par lord Napier, et qui pénétra en Abyssinie pour châtier le négus Théodoros.

Abyssinie ou Éthiopie.

Les possessions égyptiennes du Soudan touchaient au territoire de l'Abyssinie.

L'Abyssinie est une terrasse d'une altitude moyenne de 2,000 mètres dont les eaux s'écoulent par la branche du Nil bleu, habitée par des populations fortes et intelligentes, converties au christianisme dès le IVe siècle [1], et que les progrès de l'invasion musulmane ont complètement isolées de la côte de la mer Rouge, où elles avaient autrefois des ports. Sa capitale est Gondar, dans le bassin intérieur du lac Tsana.

Il se divise en deux états souvent rivaux : le Tigré au nord, le Choa au sud.

La France avait songé autrefois à trouver une colonie dans cette région, ou du moins à y établir son protectorat. Des officiers y avaient été envoyés pour lever le pays (mission Ferret et Galinier, 1842) : des voyageurs l'ont parcouru en tous sens (M. d'Abadie) ; ces projets ont été depuis longtemps abandonnés.

A la suite de violences exercées contre des sujets anglais une expédition anglaise débarqua à Zoulla, pénétra dans l'intérieur et enleva la citadelle de Magdala, dans laquelle périt le roi Théodoros (1867-1868) [2].

Les Anglais se retirèrent sans prendre pied dans le pays, par suite sans doute des difficultés qu'ils rencontrèrent, mais, peu de temps après, les Égyptiens ont à leur tour attaqué. Une colonne partie de Massaouâ, forte de 2,000 hommes et conduite par un officier suédois, le capitaine Axentrup, fut cernée par le roi Jean (oct. 1875) et complètement anéantie.

---

[1] Ils reconnaissent la suprématie du patriarche grec du Caire.

[2] L'effectif de cette expédition s'éleva à 14,000 combattants et 27,000 suivants.

Une colonne qui attaqua par la frontière du Nil fut également battue.

Une nouvelle expédition plus nombreuse, partie de Massaouâ au commencement de 1876, fut également battue au mois de mars dans dans les défilés de Kaya-Khor.

Les Égyptiens, voulant venger ces défaites, construisirent deux forts près de Goura, sur le Mareb, frontière nord de l'Abyssinie, et cherchèrent à amener leurs adversaires à combattre sous le canon de ces positions. Il y eut une levée générale dans l'Abyssinie. Près de 200,000 hommes, dit-on, prirent les armes contre les envahisseurs musulmans et, à la suite d'une grande bataille sur le Mareb, les Égyptiens, de nouveau vaincus, ayant perdu 16 canons, 12,000 fusils Remington, durent accepter une convention. Malheureusement, les dissensions intestines et la rivalité des chefs affaiblissent l'Abyssinie et peuvent faire craindre pour l'avenir du pays.

Lorsque Gordon-Pacha était gouverneur de Khartoum, il avait eu une entrevue avec le roi Jean dans sa capitale et avait posé les bases d'un accord moyennant la rétrocession d'un port que les Abyssiniens ne cessent de réclamer (1879).

Jusqu'à présent les Abyssiniens paraissent avoir réussi à protéger leur pays contre les insurgés soudaniens. Des tentatives ont été faites près d'eux pour les amener à prêter leur concours à la répression de cette rébellion ; mais il est impossible de savoir quelle est exactement la situation actuelle dans cette région (1886).

Possessions européennes sur les côtes de la mer Rouge.

Depuis fort longtemps les grandes puissances maritimes se sont préoccupées de s'assurer des escales et des stations de refuge ou de réparations à l'extrémité méridionale de la mer Rouge.

Possessions françaises. — La France avait, comme nous l'avons dit, pensé à établir son influence en Abyssinie. Le roi du Tigré lui avait cédé la province de Hamazen. Elle a renoncé à ces projets.

Protectrice naturelle des intérêts chrétiens, la France avait été (avant 1870) sollicitée par les Bogos qui voulaient échapper à l'annexion par l'Égypte ; elle ne donna pas suite à cette question.

A l'ouest du Bogos, à Kouffith, dans le pays de Baréa, un Français, M. Bissan, avait essayé, vers 1864, de créer une colonie française avec l'agrément du gouvernement égyptien. Peu de temps après il fut expulsé avec ses compagnons.

Sous le règne de Louis-Philippe, une Compagnie française avait acheté le port d'Edd, sur la côte de Shamar.

En novembre 1859, les îles d'Ouda et de Dessi et le port de Zoulla avaient été acquis pour la France.

L'île de Dessi a de bonnes eaux, des pâturages pour nourrir 500 à 600 bêtes à cornes et trois rades qui, avec quelques travaux, pourraient devenir de bons ports.

La Turquie avait fait, au sujet de ces cessions, quelques réclamations, assez timides d'ailleurs, qui avaient été soutenues par lord Palmerston. Les chefs du pays déclarèrent que jamais ils n'avaient été sujets de la Porte et qu'ils ne reconnaissaient comme suzerains que les rois d'Abyssinie. D'ailleurs,

la France ne prit pas officiellement possession de ces territoires, et les Égyptiens étendirent, comme nous l'avons vu,
leur autorité sur toute cette côte.

Obock. — Au delà du détroit de Bab-el-Mandeb, la France
possède depuis 1858 la baie d'Obock. Elle fut alors acquise
au prix de 50,000 francs par M. Lambert, vice-consul à Aden.

Peu après, M. Lambert, retournant par mer à Aden, fut
assassiné à l'instigation on ne sait de qui et pour des motifs
restés inconnus.

La prise de possession officielle n'ayant pas eu lieu, les
Anglais cherchèrent à surenchérir sur nos offres, mais les ven-
deurs refusèrent loyalement et, en 1862, l'amiral Fleuriot de
Langle hissa le drapeau français sur ce territoire, qui ne fut
pas d'ailleurs occupé.

En 1879, une Société française tenta de s'y installer. Son
représentant, M. Arnoux, fut assassiné, quelque temps après,
par un indigène, par suite d'une vengeance particulière.

La tentative fut reprise par une autre Société qui fut représentée par M. Soleillet. Celui-ci réussit à s'installer et à nouer
de bonnes relations avec le roi du Choa. Il se rendit à Ankober, capitale du pays ; il y trouva des éléments sérieux de
trafic, mais la cherté des transports (2 francs par kilogr.
d'Obock à Ankober) rend encore impossible toute entreprise.
La distance peut être franchie en 15 jours.

La Société, représentée par M. Paul Soleillet, s'est à son
tour mise en liquidation et a été remplacée par une autre
Compagnie dont les représentants se sont également rendus à
Ankober avec des présents pour le roi Ménélik.

L'expédition du Tonkin a ramené l'attention du gouvernement français sur la nécessité d'avoir un point de relâche et
un dépôt de charbon sur la route de la Chine sans être tributaire des Anglais d'Aden[1]. De là, la grande importance

---

[1] En 1870, les Anglais refusèrent à un navire de guerre français de
prendre du charbon à Aden.

d'Obock, dont le port, moins vaste que celui d'Aden, peut contenir cependant une douzaine de navires et offre, dit-on, plus de sécurité. La rade est peu profonde, mais d'un accès facile. Les indigènes sont peu nombreux ; essentiellement pasteurs, ils ne sont riches qu'en troupeaux. Le village d'Obock ne compte qu'une centaine d'habitants. Quelques essais de culture potagère ont réussi.

Obock n'est pas dépourvu d'eau. Il pleut assez souvent, tandis qu'à Aden, il ne tombe pas une goutte d'eau pendant des années entières. En outre, on trouve de l'eau en creusant des puits dans le lit desséché des rivières, à une profondeur de 1 mètre à 3 mètres. L'eau n'y tarit jamais.

En 1882, le sultan Hamed-Loïta nous a fait cession du port et de la rade de Sagallo, dans le golfe de Tadjoura.

En 1883, le gouvernement français s'est décidé à occuper définitivement Obock.

Enfin, en 1884, un bâtiment de guerre français a pris effectivement possession de Tadjoura que venait d'abandonner le poste égyptien qui s'y trouvait. Cette partie de la côte a une certaine importance parce que c'est le point de départ de la meilleure route vers l'intérieur. Jusqu'à présent, il semble d'ailleurs difficile d'établir un courant commercial vers l'intérieur, mais il faut considérer Obock avant tout comme une station militaire maritime.

Le climat est sain, le pays n'étant point marécageux. Le thermomètre monte, en été, jusqu'à 42 degrés, mais la brise de mer rend la chaleur supportable.

Cheick-Saïd. — En 1869, une maison française (Rabaud et Bazin de Marseille) a acheté la baie de Cheick-Saïd, en face de l'île de Périm sur la côte arabique ; elle y avait fondé, en 1870, un établissement qu'elle a abandonné en 1871 ; on pourrait y créer un bon port dans des conditions satisfaisantes d'eau et de salubrité.

Cheick-Saïd, situé sur la côte d'Arabie, n'est qu'à 2,500 mètres de Périm. C'est un rocher s'élevant à 225 mètres au dessus du niveau de la mer et dominant Périm, dont la plus grande hauteur n'a que 65 mètres. Les Allemands ont eu l'intention d'acquérir ce territoire (déc. 1884) ; le gouvernement français a sans doute fait des objections au sujet de cette cession qui n'a pas eu lieu définitivement et la Turquie a fait occuper ce point par quelques soldats (janv. 1885).

C'est ordinairement par le chenal entre Cheick-Saïd et Périm que passent les bâtiments qui se rendent à Aden.

Possessions anglaises. — Les Anglais possèdent les îles de **Dahlak**, en face de Massaouà et les îles **Moscha** dans la baie de Tadjoura, à peu de distance d'Obock.

Ils occupent, depuis 1884, **Zeila** et **Berbera**.

Zeila avait été cédé en 1875 au khédive par le sultan, moyennant une augmentation de tribut annuel de 350,000 fr. Les Anglais y ont envoyé des troupes au mois d'août 1884 ; ils ont également occupé Berbera dont la garnison égyptienne a été retirée (oct. 1884).

Ils surveillent le détroit de Bab-el-Mandeb (28 kil. de large) par l'île de Périm (7 kil. de longueur sur 4 de large), occupée en 1857, où il n'y a d'autres habitants qu'une faible garnison, et par Aden, point de relâche des paquebots qui vont dans les mers des Indes ; mais ces positions ne suffiraient pas pour en interdire l'accès.

Aden, à 92 milles de l'île de Périm, n'est qu'un rocher brûlé, sans végétation, sans la moindre ressource où il ne pleut pour ainsi dire jamais, et par conséquent qui manque même d'eau potable. On distille l'eau de mer pour les besoins domestiques.

Aden était dans l'antiquité une place de commerce florissante ; la ville fut détruite par les Romains après qu'ils se furent emparés de l'Égypte ; rebâtie on ne sait à quelle époque, elle servit, du XI⁰ au XVI⁰ siècle, de principal entrepôt au commerce de l'Orient ; mais elle perdit toute importance à la suite de la découverte du cap de Bonne-Espérance. Marco-

Polo y avait vu 80,000 habitants (vers 1298). La domination turque l'a ruinée. Les Turcs en furent expulsés dans le siècle dernier. Actuellement, tous les paquebots de l'Indo-Chine relâchent à Aden, dont le port est visité annuellement par 1,200 navires.

Les Anglais ont occupé Aden en 1838. Leur territoire avait seulement 20 kilomètres carrés, absolument dépouillés et stériles. Il s'est étendu depuis.

Il s'y trouve une population bigarrée de 35,000 habitants (2,000 Européens, 8,000 Banians, 4,000 Indous, 6,000 Arabes, 3,000 Somalis, 2,000 Juifs).

Les fortifications d'Aden n'ont pas grande valeur ; elles ne sauraient résister à une attaque de cuirassés armés avec de gros calibres.

L'importance de cette position a diminué depuis que la vapeur a facilité la navigation de la mer Rouge, autrefois si redoutée par les navires à voiles ; mais c'est un dépôt de charbon précieux pour la flotte marchande anglaise comme pour sa flotte de guerre et un des anneaux de cette chaîne de postes stratégiques, qui, depuis Portsmouth par Gibraltar, Malte et Suez, relie l'Angleterre aux Indes.

Administrativement, Aden dépend de la présidence de Bombay.

Les Anglais ont acquis, en 1849, du chef indépendant du **Laheg** (pointe sud-est de l'Yemen), un territoire sur la côte.

Ils possèdent encore dans la mer Rouge l'île de **Camaran**, relativement fertile.

Possessions italiennes. — Les Italiens ont voulu avoir également une station maritime dans la mer Rouge et s'y ménager un dépôt de charbon. Dans ce but, la compagnie de navigation à vapeur Rubbatino a acquis en 1869 pour une somme de 47,000 francs, et effectivement occupé depuis 1879, à quelque distance au nord d'Obock, la baie d'**Assab**.

Le territoire, cédé par le chef du pays, comprend 69 îles et une zone de plusieurs jours de marche vers l'intérieur. Il est dépourvu d'eau potable ; on en fait venir d'Aden, on s'en procure par des appareils distillatoires et on a enfin découvert quelques sources dans les environs. Il pleut très rarement.

Le gouvernement égyptien a contesté à l'Italie le droit de souveraineté. Elle l'a affirmé en prenant officiellement possession de ce pays au mois de janvier 1881.

Les Italiens ont envoyé quelques missions d'explorations vers l'intérieur du pays. Les résultats ont été nuls jusqu'à présent ; les caravanes ont été pillées et plusieurs voyageurs massacrés. Il ne semble pas que cet établissement puisse prospérer au point de vue commercial, mais c'est une station maritime qui aura son importance pour la marine italienne.

Au mois de janvier 1885, une expédition militaire, d'un effectif relativement élevé, a été envoyée par les Italiens dans la mer Rouge pour occuper **Massaouâ** avec le consentement de l'Angleterre, dont elle offrait de soutenir en Égypte la politique et les efforts militaires. Cette occupation ne semble pas, jusqu'à présent, répondre aux espérances que les Italiens avaient conçues, ni les résultats devoir compenser les souffrances imposées à la garnison laissée sur ce territoire malsain.

VI

BARCA ET TRIPOLI

Le promontoire de Ras el Kanaïs marque la frontière occidentale de l'Égypte. Depuis ce point jusqu'à la baie que les Arabes appellent Bahirt el Biban, et qui marque la frontière occidentale de la Tunisie, le littoral relève directement de la Sublime-Porte. C'est le pays de Barca et la Tripolitaine, possessions immédiates des sultans sur la côte d'Afrique, territoires peu connus, et qui, cependant, sont appelés à devenir la meilleure base d'opérations pour les entreprises commerciales et civilisatrices qu'il est sans doute réservé à l'avenir de pousser vers le centre de l'Afrique.

Pour s'en rendre compte, il faut prendre une carte d'ensemble du continent africain. Un puissant soulèvement montagneux, auquel on peut conserver le nom général d'**Atlas**, que les anciens lui ont donné, forme une sorte de large presqu'île, depuis le cap Ghir sur l'Océan, jusqu'au golfe de Gabès. C'est une région d'une physionomie bien distincte de celle du reste de l'Afrique.

Certains géographes, pour cette raison, ont proposé de l'appeler l'*Afrique Mineure*, parce que, par rapport au continent africain, elle offre une certaine analogie avec l'Asie-Mineure, par rapport au continent asiatique. A première vue, on reconnaît que la direction de cet énorme plissement de la croûte terrestre est la même que celle du massif des Grandes-Alpes ; ces formations sont donc vraisemblablement de même époque, et quelques observations géologiques, déjà faites, confirment cette présomption.

Au contraire, depuis le cap Bon jusqu'au canal de Suez, l'orientation générale de la côte méditerranéenne est toute différente, et si l'on admet que la forme des côtes reproduit, dans son ensemble, l'ossature du continent qu'elles bordent, on est amené à rechercher quel est le grand soulèvement dont la direction se rapproche du leur. Ce procédé d'induction, fort peu exact à coup sûr, et auquel on ne saurait attribuer une grande valeur scientifique, ferait supposer que cette portion du littoral méditerranéen a dû être formé à l'époque du soulèvement des Pyrénées. En faisant cette remarque, nous obtenons du moins un moyen mnémonique qui permet de fixer dans l'esprit l'aspect de ce pays et les conclusions géographiques qui en résultent.

Supposons donc que deux lignes représentant, l'une la direction du soulèvement des Alpes, l'autre celles des Pyrénées, viennent se croiser au cap Bon ; elles font un angle très ouvert (de 144° environ). La première donne les côtes de Tunisie et d'Algérie, la seconde, les côtes du pays de Barca et de l'Égypte occidentale.

Entre le cap Bon et le pays de Barca, la côte a été profondément creusée par les golfes des Syrtes. Considérée encore dans son ensemble, on la voit dessiner deux énormes bastions : à l'ouest la Tunisie, à l'est Barca, qui s'avancent en gigantesques promontoires. Ces bastions sont reliés par une courtine sinueuse, c'est le littoral de la .Tripolitaine que baigne la mer des *Syrtes* et que limitent à l'ouest le golfe de la Petite Syrte ou de Gabès, à l'est, le golfe de la Grande Syrte.

Cette échancrure rapproche le bassin de la Méditerranée du centre de l'Afrique. Comme nous le disions plus haut, c'est le point de départ naturel des caravanes qui vont au Soudan. C'est de là que sont partis les voyageurs européens qui ont atteint le bassin intérieur du lac Tchad et soulevé le voile qui dérobe aux curiosités de l'Europe les mystères de cette partie du continent africain.

Il faut encore faire de suite une observation très importante. A quelques journées de marche au sud du littoral méditerranéen, commence le vaste désert de Libye, de près de 400 lieues de large, sans eau, sans oasis pour jalonner les routes des caravanes, obstacle considérable qui oblige les voyageurs à remonter au nord pour chercher les routes de l'Égypte occidentale par l'oasis de Siouâ. Il en résulte que tous les musulmans du centre, du nord, et de l'ouest de l'Afrique passent nécessairement par la Tripolitaine lorsqu'ils se rendent à la Mecque. Marocains, Sénégalais, Algériens, Tunisiens, Touaregs, noirs de Timbouctou et du bassin du Niger, tous les pieux personnages de l'islam africain, doivent venir se rencontrer entre Bengasi et l'oasis d'Audjila dans le pays de Barca.

Des centres religieux d'un puissant rayonnement ont, par conséquent, dû se former dans cette région, et il est bien certain qu'il doit y exister des foyers actifs de fanatisme d'où partent les missionnaires qui prêchent la guerre sainte et qui dressent les digues contre lesquelles viennent se briser les efforts des peuples chrétiens.

Dans une petite oasis de 150 palmiers, à Djerboub, à trois jours de marche à l'ouest de Siouâ, se trouve la zaouïa centrale de la confrérie de Sidi es Senoûsi. C'est là que se forment les plus ardents prédicateurs de l'islam [1] dont l'influence rayonne sur toute l'Afrique du nord.

La France doit observer la Tripolitaine, avec d'autant plus d'attention que, dans l'état politique actuel du monde musulman, les populations de cette région peuvent recevoir de Constantinople un mot d'ordre inspiré peut-être par certains adversaires européens.

S'il ne peut être question de couper les routes des pèlerins de la Mecque et d'entraver leurs pèlerinages, il serait cependant possible de les surveiller. Un des meilleurs moyens de les soustraire aux excitations des zaouïas qu'ils trouvent sur les routes de terre serait, sans doute, de faciliter leurs voyages par mer depuis les côtes de la Tripolitaine jusqu'à la Mecque.

De toutes les routes du centre de l'Afrique, les plus courtes sont celles qui arrivent aux ports de la Tripolitaine, On remarquera, en effet, que le fond du golfe de la Grande Syrte est à peu près à la même latitude que Goléa qui marque le point extrême où, après plus de cinquante ans d'occupation, la France a pu porter son drapeau au sud de l'Algérie.

De la Grande Syrte jusqu'au lac Tchad, la distance à vol d'oiseau est la même que celle de Khartoum aux bouches du Nil, de Tanger à Timbouctou, ou encore que la distance de Malte à Port-Saïd que les paque-

---

[1] Voir *Algérie*, les détails sur la confrérie de Sidi es Senoûsi et ses progrès.

bots franchissent en quatre jours et qu'une locomotive franchirait en moitié moins de temps.

La Tripolitaine a donc une triple importance : comme point d'appui de l'influence des sultans de Constantinople, comme point de départ des entreprises européennes vers le centre de l'Afrique, et comme route obligée des pèlerins de l'Afrique vers la Mecque.

———

Le territoire de l'ancienne régence de Tripoli [1] comprend, de l'est à l'ouest, les contrées désignées, autrefois, sous les dénominations de *Cyrénaïque, Subventana* ou *Tripolitana,* pays des *Psylles* et des *Garamantes.* Il comprend de vastes solitudes qui enveloppent quatre groupes de contrées habitables : celui de la *Cyrénaïque* que l'on appelle aussi *pays de Barca,* ceux de *Tripoli,* de *Ghadamès,* et du *Fezzan.*

Groupe de la Cyrénaïque. — La **Cyrénaïque,** l'ancienne Pentapole grecque, est formée des plateaux, des flancs, et des vallées d'un admirable massif de montagnes désigné par les Arabes sous le nom de djebel Akhdar (la montagne verte).

Ce massif calcaire, d'une altitude moyenne de 500 mètres, est couvert de pâturages. Ses revers du côté de la Méditerranée n'offrent que peu d'abris aux navires, mais une vigoureuse végétation remplit ses vallées, que rafraîchissent des eaux nombreuses tombant en cascades, et qui sont riches en lauriers, en oliviers, en figuiers, en genévriers, etc. Les Grecs l'avaient colonisé; ils y avaient fondé cinq villes principales que l'on appelait la *Pentapole Cyrénaïque;* la plus importante était Cyrène, illustrée par Callimaque et Aristippe; elle n'offre plus maintenant qu'un monceau de ruines au milieu desquelles les nomades dressent leurs tentes.

———

[1] La Tripolitaine devait son nom aux trois villes : *Sabrata* (Tripoli Vecchio), *OEa* (Tripoli), *Leptis magna* (Lebda).

Les autres étaient Apollonia, le port de Cyrène, aujourd'hui Sousa ; puis, sur la côte à l'ouest : Ptolemaïs (Tolometta), Arsinoë (Toukria) et Bérénice qui est la Bengasi moderne [1].

Il existait d'autres localités encore, parmi lesquelles Dernis (Derna) et Barca qui a donné son nom au pays.

Le pays de Barca était florissant encore à l'époque chrétienne ; les musulmans, comme partout sur leur passage, en ont anéanti la prospérité. Tantôt réuni à la régence de Tripoli, tantôt organisé en moutessarif distinct, il relève aujourd'hui directement de Constantinople.

En se dirigeant vers l'ouest à partir de l'Égypte, on longe pendant 150 lieues, jusqu'à la Cyrénaïque, l'ancienne côte de *Marmarique* que borne une zone étroite d'une quinzaine de lieues, d'un terrain maigre, susceptible cependant de quelque culture et au delà duquel s'étendent les sables du désert libyen. Les populations en sont indépendantes de fait.

La côte est échancrée par des baies assez larges et qui n'offrent que des abris insuffisants : le golfe de Bou Chaifa avec la rade de Berek Marsa et le golfe d'El Mellah, d'où partent des routes de caravanes pour l'oasis de Siouâ ; **Tobruk**, assez bon mouillage de 6 à 9 brasses, mais difficile à reconnaître, ouvert au vent d'est et dépourvu d'eau douce. C'est le port le plus rapproché de Djerboub, la zaouïa des Senousiâ. Les Turcs y ont un poste militaire depuis 1873.

Plus loin, le golfe de **Bomba** creuse l'extrémité orientale de la Cyrénaïque. Il s'y trouve une fort belle rade, la meilleure, dit-on, de tout le nord de l'Afrique. A l'époque où les Russes cherchaient à fonder un établissement maritime dans la Méditerranée, leur attention se porta sur cette position. En 1793, des agents secrets de Catherine II entamèrent à ce sujet des négociations qui n'aboutirent pas. Plus tard, le gouvernement français songea, de son côté, à l'acquérir en l'échangeant contre La Calle.

---

[1] C'est près de Bérénice que les anciens plaçaient le jardin des Hespérides.

A une journée de marche à l'ouest de Bomba, est le petit port de **Derna**. En 1801, l'amiral Ganteaume qui conduisait des troupes en Égypte, craignant de ne pouvoir atteindre Alexandrie à cause des croisières anglaises, avait eu l'intention de les débarquer à Derna pour qu'elles prissent la route de terre. Il en fut empêché par l'attitude hostile de la population. Quelques années après, les Américains, qui étaient en guerre avec le pacha de Tripoli, occupèrent momentanément Derna. Les hostilités, qui durèrent quatre ans, furent terminées par un traité en 1805.

Au point de vue d'opérations militaires et maritimes contre l'Égypte ou contre les zaouïas de la confrérie de Sidi es Senoûsi, Tobruk, Bomba, et Derna peuvent acquérir une importance assez sérieuse.

On compte cinq à six journées de marche de Derna à Bengasi, ville située à l'autre extrémité de la Cyrénaïque et chef-lieu du pays. Dans ce trajet, on ne trouve aucun centre fixe de population.

Bengasi (15,000 hab., dont 300 européens), sur les ruines de l'antique Bérénice avec un port ensablé[1], est assez importante comme station du câble sous-marin de la Méditerranée et comme tête des lignes de caravanes qui se rendent au Ouadaï; ces caravanes marchent directement au sud par les oasis d'Audjila et de Djalo qui relèvent du pays de Barca, et par celles de Taiserbo et de Koufra.

Cette route a été suivie par le voyageur allemand Rohlfs en 1860, en 1879, et les années suivantes.

Audjila[2] a 4,000 habitants. L'oasis est également une des étapes des voyageurs qui se rendent du pays des Touareg vers

---

[1] 332 navires et 29,000 tonnes de marchandises en 1871.

[2] Pendant longtemps le bey d'Audjila a été un Français, ancien tambour de l'armée d'Égypte, fait prisonnier à l'âge de 12 ans. — En 1851, mourut un autre chef de cette oasis qui était également d'origine française (*Revue des Deux-Mondes*, octobre 1855).

l'Égypte ; elle est à huit journées de Bengasi et à neuf journées de Siouâ.

Les oasis de **Koufra** relèvent nominalement du pacha de Bengasi ; en fait, elles sont indépendantes et n'ont d'ailleurs qu'un millier d'habitants.

Groupe de Tripoli. — Tout le littoral depuis Bengasi jusqu'à Mezurate, première localité du groupe de Tripoli, est un pays désert et désolé qui forme le golfe de la Grande Syrte [1].

Au sud de Mezurate, commence une chaîne de montagnes, qui n'est à proprement parler que la falaise d'un vaste plateau, et qui, sous les noms de Binbelad, Gharian, et Djebel vont se réunir aux montagnes du sud de la Tunisie.

Le **Djebel** est un pays riche et assez peuplé. Il produit des olives et des céréales. Ses habitants appartiennent à la même secte dissidente que les Mzabites.

Le district de **Gharian** est moins considérable, mais il a les mêmes caractères. Des montagnes de Gharian se détache un contrefort qui se termine à Lebda sur la côte et forme le canton de Takhouna. A l'est, le canton de Mezurate compte d'assez nombreux villages et une casbah.

Le district de **Binbelad** ou Beni-Oulid a perdu une partie de sa population depuis quelques années.

La côte a appartenu à l'Espagne de 1510 à 1530, puis aux chevaliers de Malte jusqu'en 1551. La Tripolitaine a fait ensuite partie de l'empire ottoman. Elle a eu jusqu'en 1835 des princes héréditaires et, à partir de cette époque, pour le malheur du pays, les sultans, qui n'exerçaient jusque-là qu'une suzeraineté assez vague, l'ont fait administrer directement par des gouverneurs qui changeaient fréquemment et se préoccu-

---

1 Il est assez remarquable que les marées, ordinairement fort peu sensibles sur les côtes de la Méditerranée, atteignent dans les deux Syrtes une amplitude presque aussi marquée que sur les côtes de l'Océan.

paient surtout d'exploiter cette province à leur profit, dans le moins de temps possible.

La population est estimée à 660,000 habitants.

Tripoli, la capitale, est entourée de fortifications médiocres, trois batteries ont. été construites récemment entre Tripoli et Gargouch pour défendre les abords de la *Menchiya* qui est l'oasis de Tripoli. Son commerce est assez actif quoique en décadence, il consiste surtout dans l'échange des marchandises du Soudan, plumes d'autruche, cuirs, or, ivoire, contre des produits manufacturés anglais. Il est probable que le commerce des armes et des munitions qui se faisait par les ports de la Tunisie se transportera dorénavant aux ports de la Tripolitaine.

La population de Tripoli est de 30,000 habitants environ, dont 3,000 israélites et 4,000 chrétiens, la plupart italiens et maltais. Un couvent de franciscains s'y trouve sous la protection de la France.

Le produit des impôts (dîmes, douanes, sel), qui est envoyé à Constantinople, est estimé 5,000,000 de francs environ.

Pendant l'expédition de Tunisie, le gouvernement ottoman, dans le but évident de créer des difficultés à l'occupation française, envoya des troupes relativement nombreuses (18,000 hommes en 1882), dont la présence contribua à surexciter le fanatisme local.

Le versant méditerranéen de la Tripolitaine est séparé du versant soudanien par un haut plateau, ou **Hamada**, pierreux et désert, d'une altitude moyenne de 400 mètres, interrompu par quelques vallées fertiles et que prolongent vers le sud-est les chaînes montagneuses de l'Harudj (600 à 900^m).

Groupe du Fezzan. — Au delà se trouve le **Fezzan**, le pays des anciens Garamantes, désert de sables et de pierres au milieu duquel sont les oasis de **Mourzouk**.

Les cultures des palmiers et l'exploitation de cinq petits lacs d'où l'on extrait le natron [1], font vivre 43,000 individus; Mourzouk est à l'altitude de 450 mètres environ ; c'est une ville de 6,000 habitants environ, assez bien bâtie et entourée de beaux jardins. Ses habitants sont les plus actifs commerçants du nord de l'Afrique. La garnison turque est ordinairement de 450 hommes avec 4 canons.

De nombreux étrangers se rencontrent au marché de Mourzouk : Touareg, Turcs du Nord, Arabes, Berbères, Tibbous, Nègres.

Au sud-ouest de Mourzouk, l'oasis de **Ghat** qui est dans le pays des Touareg, mais sur laquelle le pacha de Tripoli exerce, depuis quelque temps, une certaine autorité, et où il entretient une petite garnison, est également un marché fort important où se rencontrent, de septembre à novembre, de nombreuses caravanes (environ 30,000 chameaux), venant d'Égypte, de Bengasi, de Tripoli, du sud de l'Algérie, du Maroc, et même de Timbouctou. Ghat n'a que 250 maisons.

Groupe de Ghadamès. — Plus au nord, à la limite du désert de sable (*Areg*), qui sépare l'Algérie de la Tripolitaine est l'oasis de **Ghadamès**. La ville est fortifiée. On y compte environ 3,000 habitants qui font un très important commerce avec l'intérieur. Les Anglais y ont eu pendant quelque temps un consul. Plusieurs tentatives ont été faites pour établir des relations commerciales entre Ghadamès et Ouargla. Déjà, en 1862, une mission française envoyée à Ghadamès conclut certains arrangements avec les Touareg qui avaient promis de protéger nos caravanes. D'autres tentatives ont été faites sans résultat et l'assassinat des membres de la mission Flatters (1881) a rompu toutes relations avec ces nomades, bien que quelques-unes de leurs tribus soient, dit-on, assez disposées à entrer en rapports pacifiques avec nous.

---

[1] Produit salin composé surtout de carbonate de soude. Son commerce s'est restreint depuis la fabrication de la soude artificielle.

L'histoire de la régence de Tripoli offre, depuis son origine, une suite continuelle de querelles intestines et de luttes armées contre la puissance suzeraine.

En 1835, à la suite de compétitions de prétendants qui troublaient le pays, les consuls anglais et français sollicitèrent l'intervention de la Turquie. Une flotte turque, portant 6,000 hommes de débarquement, parut devant Tripoli au mois de mai.

La France et l'Angleterre avaient un égal intérêt à ce que la Sublime Porte ne substituât pas son autorité directe à celle des princes de Tripoli; mais elles se laissèrent jouer par la diplomatie ottomane, qui leur fit croire à son intention d'appuyer simplement le prétendant de leur choix. Celui-ci, attiré à bord de la flotte, fut d'abord reçu avec les plus grands honneurs, puis retenu, déclaré déchu, et envoyé à Constantinople. Les Turcs occupèrent les forts et s'établirent en maîtres à Tripoli « au grand ébahissement des représentants de la France et de l'Angleterre » [1].

Il n'est pas sans intérêt de rappeler cet épisode peu connu de la politique ottomane, pour se rendre compte des procédés qui lui sont habituels dans les questions où ses intérêts se trouvent mêlés à ceux des autres puissances du bassin de la Méditerranée.

Une fois installés à Tripoli, les Turcs nouèrent des intrigues pour mettre également la main sur la Tunisie, et pour porter secours au bey de Constantine alors menacé par le maréchal Clauzel (1836). — Il ne s'agissait de rien moins que de susciter une guerre sainte

[1] Pélissier de Reynaud, *Revue des Deux-Mondes*, octobre 1855.

dans toute l'Afrique septentrionale pour chasser les Français de l'Algérie.

L'active surveillance de la flotte française sur les mouvements de la flotte turque et la présence d'une escadre dans les eaux de Tunis déjouèrent fort heureusement ces projets, ou du moins obligèrent les Turcs à les ajourner. Leurs manœuvres continuèrent en effet pendant plusieurs années et, en 1846 encore, le prince de Joinville dut se rendre à Tripoli avec son escadre pour signifier au capitan-pacha la volonté formelle de la France de maintenir le *statu quo* en Tunisie.

Depuis cette époque, l'agitation a continué en Tripolitaine, les Arabes satisfont leur esprit de désordre en s'insurgeant contre l'autorité turque. On dit cependant que, nomades ou sédentaires, les Arabes de la Tripolitaine sont peu accessibles au fanatisme religieux et qu'ils sont d'un caractère relativement tranquille.

L'organisation intérieure des tribus est souvent remarquable par la paix dans laquelle vivent ses membres ; les crimes, les délits mêmes sont beaucoup plus rares que dans toute agglomération semblable des peuples policés, et cela sans qu'il y ait de mesures de police préservatrices ; mais les inimitiés de tribu à tribu sont toujours très ardentes. Les gouvernants de race ottomane savent en profiter pour maintenir leur autorité ; ils appliquent savamment la célèbre maxime : *divide ut impera;* aussi réussissent-ils dans des milieux où viendrait échouer l'administration européenne qui prétend introduire l'ordre des vieilles sociétés civilisées au milieu de populations turbulentes dont les haines de voisinage rappellent les temps de notre féodalité. Les Turcs réussissent, il est vrai, mais ils n'amé-

líorent rien. Leur seul but est d'imposer l'obéissance
aux populations et d'en percevoir le tribut. Le reste
ne les regarde pas ; aussi, la persistance de ce régime
amène-t-il fatalement, après quelques années, la ruine
où était la prospérité, la détresse où régnait l'abondance. La domination turque, l'histoire le prouve, a
pour conséquence inévitable, partout où elle s'établit,
d'appauvrir le pays et d'épuiser la population.

C'est de Tripoli que les Anglais de Malte tirent une
grande partie de leurs approvisionnements. Ils font
un commerce assez actif avec ce pays qui leur sert
d'intermédiaire pour écouler leurs produits vers le
centre de l'Afrique et ils ont eu, comme nous l'avons
déjà dit, des consuls à Mourzouk et à Ghadamès.

Malgré les promesses officielles des gouverneurs, la
traite des noirs continue à se faire clandestinement en
Tripolitaine. Le marché de Mourzouk est toujours
approvisionné par les Tibbous. Ils vont chercher leur
marchandise humaine au Bournou et au Ouadaï, où
se font des chasses à l'homme qui dépeuplent des régions entières.

On peut prévoir qu'un jour ou l'autre, un protectorat européen sera imposé à la Tripolitaine ; la France
doit surveiller elle-même de près, et, si elle ne croit
pas opportun d'étendre davantage son action sur le
nord de l'Afrique, il lui sera utile qu'une autre puissance chrétienne, dont les intérêts à l'égard de l'islamisme seront nécessairement de même nature que les
siens, surveille ce pays qui semble échapper à l'autorité réelle de la Sublime-Porte, pour devenir une
sorte de domaine de l'Imâmat arabe représenté par
la puissante confrérie des Senousyâ.

9.

Fondée d'abord en 1843, à el Beida, dans le djebel Akhdar, la zaouïa centrale de l'ordre a été transportée en 1855 à Djerboub et c'est là, comme nous l'avons dit, que vit le Mahdi [1], dans les pratiques d'un ascétisme rigoureux, entouré d'un groupe nombreux de fidèles dévoués, s'isolant du contact du monde, inaccessible à tout chrétien, invisible même aux musulmans dont la foi n'est pas éprouvée. Ses ordres sont obéis depuis les bords de la Méditerranée jusqu'au Congo. De fait, il est maître depuis Gabès jusqu'à Alexandrie ; les fonctionnaires turcs sont en quelque sorte soumis à son bon plaisir et même ce n'est pas sans danger, qu'un consul français pourrait s'éloigner de la ville ou, le soir, sortir de sa résidence.

Sa devise est significative :

> Les Turcs et les chrétiens,
> Tous de la même bande (espèce)
> Je les détruirai tous.

On essayera peut-être un jour d'atteindre cette puissance en la frappant au cœur même, à Djerboub ; c'est pourquoi le port de Tobruk mérite une attention particulière. Le Mahdi l'a prévu ; des troupeaux de chameaux nombreux, entretenus autour de l'oasis, sont préparés, dit-on, pour transporter lui, les siens et ses richesses, et, à la première alarme, le mettre à l'abri du danger.

---

[1] On prétend que le Madhi est marqué du signe des prophètes, nœvus rond et bleuâtre entre les épaules, comme Moïse, Jésus Christ et Mahomet.

VII

LA MÉDITERRANÉE

La civilisation occidendale a eu pour berceau la Méditerrannée ; aucune partie du globe n'offrait, en effet, de conditions plus favorables pour le développement et la croissance heureuse des sociétés humaines : douceur de climat, beauté du ciel, fécondité du sol.

Les premières villes policées se sont assises sur les bords de cette belle mer, aux flots azurés, que tous les poètes ont chantée. La cité devenait-elle trop étroite, un essaim en sortait et allait fonder, sur une côte voisine, une colonie qui grandissait peu à peu, restait en relations avec la métropole et devenait métropole à son tour pour d'autres colonies.

A ces époques anciennes où les voies de terre n'exis taient pas, les routes maritimes offrirent un précieux moyen d'échange, aussi la Méditerranée fut-elle le principal agent de communication entre les peuples, et, comme les navigateurs n'osaient s'éloigner des côtes, les colonies leur offrirent les escales indispensables pour les grands voyages.

Alors que l'Europe était encore déserte ou sauvage, depuis de longs siècles déjà, l'Asie avait accumulé les trésors de l'esprit humain.

Les premiers civilisateurs du bassin méditerranéen

furent les commerçants phéniciens qui apportèrent à l'Occident les sciences plus avancées de l'Orient, l'initièrent au culte de leurs dieux[1] intimement lié à l'observation des astres, et vulgarisèrent l'écriture.

Les Grecs donnèrent ensuite un grand éclat à cette civilisation, et, par leur littérature, leurs arts, leur génie, la portèrent sur tous les rivages méditerranéens.

Plus tard, Rome en hérita et lui imprimant un caractère nouveau de force, de puissance et d'expansion, elle devint la capitale du monde occidental.

En dehors des riverains privilégiés de la Méditerranée, les peuples de l'Europe n'étaient alors que des barbares ; mais les richesses de ces terres fortunées excitèrent les convoitises des hommes du Nord qui se ruèrent sur le Midi, en ravagèrent les campagnes et en ruinèrent les villes. Le nom de Vandales, les plus barbares d'entre ces barbares, est resté comme la caractéristique de la destruction sauvage.

On put croire un instant que l'antique civilisation était anéantie. Mais, après de longs siècles de ténèbres, une floraison nouvelle éclaira le monde moderne, et ce qu'il admire d'affinement littéraire, de délicatesse artistique, de hautes pensées philosophiques, n'est autre chose qu'une partie de l'héritage superbe de cette antiquité latine et grecque.

Au moyen âge, la Méditerranée est redevenue le centre des échanges des idées comme des produits du

---

[1] Le nom d'*Héraclée* était donné aux nombreuses colonies où étaient les autels de l'*Hercule* tyrien ; ce nom était une transposition grecque du mot tyrien MELKAR'II qui, écrit de gauche à droite, comme il se prononçait, devenait H'RAKLEM.

monde. Ses routes maritimes ont été sillonnées par les flottes marchandes et par les navires de combat de tous les peuples.

C'est par la Méditerranée que sont entrés en contact les Occidentaux chrétiens et les Orientaux musulmans, et la grande lutte de l'Orient contre l'Occident a pris alors une forme nouvelle.

Deux grandes religions, nées, pour ainsi dire, dans la même patrie et continuant, sous des formules différentes, les mêmes traditions des sémites pasteurs, ont renversé les temples du paganisme et se sont partagé le monde ancien : à l'Occident, le Christianiame ; à l'Orient, l'Islam.

Mais le Christianisme était une religion féconde, qui affranchissait les peuples, éclairait l'humanité et lui préparait une ère superbe de grandeur et d'indépendance. L'Islam, au contraire, avec ses doctrines mystiques et impitoyables, stérilisait la terre, courbait les vaincus sous le joug et se déclarait l'ennemi absolu de tout progrès humain. Il en est encore ainsi.

Pendant un certain temps circonscrit au bassin de la Méditerranée, le théâtre de la lutte s'est agrandi et embrasse aujourd'hui le monde entier ; pour la comprendre, il est utile d'en suivre le développement depuis son origine.

« La guerre durera jusqu'au jour du jugement, dit le Coran ; il peut y avoir des trêves, jamais de paix. »

Enflammés par le souffle du Prophète, les fils de Mahomet avaient, au galop de leurs chevaux, porté le Croissant jusqu'au cœur de la vieille Europe, tandis que leurs flottes régnaient en souveraines sur les eaux de la Méditerranée ; mais la chrétienté s'ébranle à son tour, arrête les envahisseurs, et dans un magnifique élan de ferveur religieuse, lance, à son tour, ses armées sur l'Orient, à la conquête des lieux saints, conquête éphémère, il est vrai, et qui lui échappe bientôt. Au XVe siècle, les Ottomans s'emparent de Constantinople ; au XVIIe siècle, leurs armées sont sous les murs de Vienne. Là fut l'apogée de leur puissance ; dès lors, ils reculent sans cesse et perdent une à une toutes leurs conquêtes européennes. Les races soumises secouent leurs chaînes, revendiquent leurs libertés et, depuis longtemps déjà, le dernier soldat turc aurait repassé le Bosphore sans les rivalités des États chrétiens de l'Europe et leurs jalousies au sujet du partage de l'héritage.

L'Empire turc subsiste donc, non par lui-même et comme puissance musulmane, mais seulement comme une des nécessités provisoires de l'équilibre européen.

« Les États qui ont des musulmans sur leur territoire ou dans leurs possessions les maintiennent, d'ailleurs, avec sévérité : ainsi, la France en Algérie et au Sénégal, l'Angleterre en Égypte et dans l'Inde, l'Autriche en Bosnie, la Russie au Caucase et dans l'Asie centrale. Les résistances armées sont devenues impossibles. »

Jusqu'à nos jours, les musulmans étaient maîtres des rivages méditerranéens de l'Afrique et de l'Asie. Leurs corsaires portaient leurs ravages sur toutes les côtes de la Méditerranée. Ils se considéraient en état de guerre permanent contre tous les États chrétiens avec lesquels des traités n'étaient pas conclus et ces traités mêmes n'établissaient pour eux que des trêves souvent violées.

Les petits États de l'Italie leur payaient une sorte de

tribut pour qu'ils respectassent leurs navires et leurs territoires. La France, protectrice naturelle des États chrétiens du bassin de la Méditerranée, eut à intervenir fréquemment, soit pour châtier leurs violences, soit pour conclure des traités. Certaines de ces conventions concédaient à leurs corsaires le droit étrange de visite sur les bâtiments marchands et leur ouvraient l'accès des ports français à la condition qu'ils ne fissent pas de prises à 10 lieues des côtes.

Les dernières années du XVIIIe siècle ont encore vu des chrétiens dans les bagnes des côtes barbaresques. Les chevaliers de Rhodes, les chevaliers de Malte, les flottes de Charles-Quint s'étaient trouvés impuissants contre eux. La France avait réussi à faire respecter son pavillon, mais au prix de fort humiliantes concessions.

En 1819 seulement, à la suite du congrès d'Aix-la-Chapelle, les puissances européennes décidèrent d'interdire définitivement aux États barbaresques d'armer contre les chrétiens ; les flottes combinées anglaise et française allèrent intimer ces décisions au pacha de Tripoli, qui se soumit du reste plus facilement que ceux de Tunis et d'Alger.

Enfin, il y a cinquante ans à peine, la France a planté son drapeau sur la côte algérienne et a inauguré une ère nouvelle dans l'histoire de la Méditerranée.

Les routes de la Méditerranée étaient alors presque délaissées. Le grand commerce maritime s'était porté, à travers l'Océan, sur le Nouveau-Monde et par le cap de Bonne-Espérance dans les mers des Indes et de la

Chine. Un Français a percé l'isthme de Suez et ramené dans les eaux méditerranéennes une activité inconnue du passé.

Étant la plus puissante des nations modernes du bassin méditerranéen, la France y exerça une grande influence ; mais des rivaux se sont élevés à côté d'elle et elle doit aujourd'hui lutter pour conserver le rang qui lui a appartenu. Aussi, sous peine de voir porter un grave préjudice à sa situation dans le monde, ne doit-elle pas se laisser détourner par de nouveaux intérêts lointains, des intérêts anciens et immédiats de son commerce et de sa prépondérance méditerranéenne.

La Méditerranée forme deux bassins distincts, séparés l'un de l'autre par l'Italie, la Sicile et la Tunisie ; le bassin occidental, ou Méditerranée latine, et le bassin oriental ou Méditerranée grecque.

Bassin occidental de la Méditerranée.

Le bassin occidental se subdivise lui-même en deux parties : à l'ouest des îles de Corse et de Sardaigne sont les routes de navigation entre les côtes de France d'une part, celles d'Espagne et d'Algérie de l'autre.

A l'est, le bassin particulier de la mer Tyrrhénienne, circonscrit par les côtes d'Italie et les îles qui en dépendent, serait une mer exclusivement italienne, si la Corse n'était devenue française.

Les portes d'entrée du bassin occidental sont : le détroit de Gibraltar à l'ouest, les canaux siliciens à l'est.

Sur les côtes d'Espagne, Malaga, Carthagène, Alicante, Valence, Barcelone sont les ports d'attache et de refuge de la marine espagnole. Les ports des îles Baléares : Palma dans Majorque, Mahon dans Minorque, lui permettraient de dominer cette mer, si certaines causes particulières n'avaient affaibli la puissance de l'Espagne.

Sur les côtes d'Italie, Gênes, Livourne, Naples, Messine, Palerme, et le port militaire de Spezia ont une importance d'autant plus grande, que l'Italie prétend aujourd'hui à l'héritage de Rome et de son ancienne prépondérance dans les mers méridionales de l'Europe.

De son côté, la France dont la puissance militaire est, sans conteste, de beaucoup supérieure à celles de l'Espagne et de l'Italie, s'appuie sur Port-Vendres, Marseille, et Toulon ; sur Oran, Alger, Bougie, Tunis ; sur Ajaccio et sur Bastia.

Rêvant une union sans doute chimérique entre les peuples de race latine, l'empereur Napoléon III avait proposé à l'Espagne et à l'Italie de partager avec la France les territoires de l'Afrique du nord ; l'Espagne aurait eu le Maroc ; on offrait la Tunisie à l'Italie.

L'Espagne eût été tentée d'accepter ; elle s'engagea même, en 1859, dans une guerre contre le Maroc ; mais le Maroc ne se laissa pas entamer.

Quant à l'Italie, elle répondait par l'organe d'un de ses plus illustres hommes d'État, le comte de Cavour, « qu'elle n'était pas assez riche pour s'offrir une Algérie tunisienne ». Les Italiens entendaient sans doute réserver l'avenir. De là leur déception et leur mécontentement, lorsque la France se résolut à imposer son protectorat à la Tunisie.

L'occupation de la Tunisie répondait aux intérêts les plus graves de la France ; d'un côté, elle ne pouvait permettre à une autre puissance européenne, rivale aujourd'hui, ennemie possible demain, de venir s'établir sur sa frontière d'Algérie et, le cas échéant, d'en soutenir les insurrections.

D'autre part, ses flottes eussent été confinées dans un véritable lac fermé : à l'ouest, par Gibraltar, à l'est, par Malte et par la Tunisie devenue italienne. L'action française en Orient eût été à la discrétion de l'Italie et de l'Angleterre. Ce danger est aujourd'hui écarté ; la France a acquis « une superbe façade » sur le Levant ; et elle peut se créer sur la côte orientale de la Tunisie, à Sousse ou à Sfax, un port de guerre comme base d'opérations pour ses flottes.

Gibraltar. — Le passage de communication entre la Méditerranée et l'Océan est commandé par Gibraltar, que les Anglais occupent depuis 1704.

Un courant supérieur, rapide et constant, porte les eaux de l'Océan vers la Méditerranée.

Gibraltar est une étroite arête de rochers, qui, à l'est, se termine en pentes abruptes ; la ville, construite à l'ouest, fait face à Algeciras ; les maisons bordent la plage, et vont en s'élevant d'étage en étage. Le port ne peut contenir qu'un petit nombre de navires, mais ses fortifications sont formidables ; elles sont armées de 2,000 pièces de canon, dirigées, pour la plupart, vers l'ouest ; 200 sont tournées vers le nord et 50 vers le détroit.

Le rocher qui est percé de nombreuses casemates ou cavernes naturelles, est réuni à la terre par un isthme d'une largeur de 1500 mètres, sur lesquels 300 seulement sont accessibles.

La forteresse de Gibraltar ne saurait interdire la traversée du détroit, qui, en cet endroit, a 22 kilomètres de large (la portion la plus étroite a 15 kilom. environ), mais c'est un précieux point d'appui pour les vaisseaux anglais.

A Gibraltar, et, en quelque sorte, sous la protection des fonctionnaires anglais, s'organisent de véritables expéditions de contrebande que les Espagnols sont impuissants à réprimer. Les Anglais se montrent particulièrement soupçonneux en tout ce qui concerne Gibraltar et ils n'en permettent pas le séjour aux étrangers.

En face de Gibraltar est la baie d'**Algeciras** ; c'est une admirable position militaire ; les côtes en sont plus élevées que celles de Gibraltar et le port est plus vaste ; elle serait capable, si elle était convenablement armée et fortifiée, de contrebalancer l'importance de la forteresse anglaise.

Sur la côte marocaine, **Ceuta**, à l'extrémité d'un promontoire symétrique de Gibraltar, appartient à l'Espagne ; sa situation est aussi avantageuse, mais les défenses ne sauraient en être comparées.

Gibraltar, aux mains des Anglais, est une épine dans la

chair de l'Espagne ; la fierté castillane en est cruellement blessée ; aussi les Espagnols ont-ils souvent rêvé d'amener l'Angleterre à échanger Gibraltar contre Ceuta. Cependant Ceuta, c'est un pied sur la terre d'Afrique, sur cette terre convoitée, qui exerce une si grande attraction sur tout Espagnol.

En organisant Algeciras, Tarifa, et Ceuta, les Espagnols deviendraient les véritables maîtres du détroit.

Ports espagnols. — Malaga (113,000 hab.), grande ville avec un bon port et quelques fortifications sans valeur.

Carthagène (37,000 hab.), le meilleur port de l'Espagne, et l'un de ses trois ports militaires, au fond d'une baie fermée par une île, avec un arsenal, une enceinte bastionnée et plusieurs forts ou batteries. Point de relâche sur la route de Marseille à Oran. Le voisinage des côtes d'Algérie donne une grande importance à cette position.

Valence, à moitié chemin de Port-Vendres et d'Oran, est dans une situation non moins avantageuse, avec une belle rade, entourée de riches campagnes appelées *la Huerta*, le jardin de Valence.

Barcelone, capitale de la Catalogne (252,000 habitants), avec un beau port. C'est la ville la plus industrielle de toute l'Espagne ; il ne lui reste plus de ses anciennes fortifications que sa citadelle et quelques forts. École d'artillerie et école de navigation.

Les Baléares. — A l'est de l'Espagne et sur la route directe de Marseille à Alger, les Baléares constituent deux groupes :

Celui de l'ouest, ou îles Pityuses, comprenant les deux îles de Formentera et d'Iviza, avec le port du même nom ; celui de l'est comprenant les îles Majorque et Minorque.

Dans Majorque, on trouve, au sud-ouest, le port de Palma (40,000 hab.), inaccessible aux gros navires et dont le fort San Carlos couvre les approches.

Minorque a pour capitale **Port-Mahon**, l'un des bons ports de l'Europe, avec un arsenal, des magasins pour la marine et d'admirables défenses, formées par diverses batteries et par les deux forts San Carlos et San Felipe, ce dernier taillé dans le roc. Ces défenses pourraient être facilement complétées et Port-Mahon constituerait alors une station maritime de premier ordre qui serait la clef de cette partie de la Méditerranée. La ville a été prise par les Français en 1756, dans un assaut resté célèbre.

L'îlot de **Cabrera** n'est qu'un rocher habité par quelques chevriers ; il est tristement connu par les souffrances des prisonniers français qui y furent déposés au nombre de 8,000, au mépris de la capitulation de Baylen (1808) et dont un grand nombre périrent de faim et de misère.

Le sol des Baléares est montueux et aride. Les habitants sont pauvres et ignorants ; beaucoup émigrent maintenant en Algérie où ils apportent des qualités de travail et d'honnêteté très appréciées ; la culture maraîchère y est en grande partie dans leurs mains.

La population totale des îles Baléares est d'environ 250,000 habitants.

Ports français. — Les ports des côtes françaises qui jouent un rôle économique et militaire important sont : Port-Vendres, Cette, Marseille, Toulon, la rade des îles d'Hyères, puis les ports secondaires : Saint-Tropez, Antibes et Villefranche.

Port-Vendres est un port fortifié, sans installation particulière pour la marine de guerre, mais bien défendu du côté de la terre par des ouvrages de nouvelle construction qui englobent Saint-Elme et Collioures. Par suite de relations de plus en plus fréquentes avec l'Algérie, son importance tend à s'accroître.

Cette n'est qu'un petit port de commerce, mais très actif, grâce à sa situation au débouché du canal de jonction entre les deux mers ; si le projet tant de fois discuté de l'ouverture d'un canal maritime entre l'Océan et la Méditerranée se réalisait, Cette grandirait rapidement. La France aurait alors une situation militaire maritime singulièrement forte, la liaison assurée, les relations facilitées entre les flottes de l'Ouest et du Midi, et elle acquerrait des avantages économiques qui compenseraient sans doute les sacrifices considérables nécessités par l'exécution de ce travail gigantesque.

Marseille, malgré le préjudice que lui ont causé la percée des Alpes par le Saint-Gothard et la construction des chemins de fer italiens qui ont raccourci les routes de l'Orient, est resté l'emporium principal d'échange et la capitale commerciale du bassin occidental méditerranéen.

Les grands approvisionnements de ses magasins, la puissance de sa flotte de commerce en font une des bases stratégiques les plus importantes, en même temps qu'un des objectifs principaux d'une guerre maritime.

Toulon est la plus grande place de guerre de toute la Méditerranée. Formidablement défendus sur le front de terre comme sur le front de mer, sa rade et son port semblent à l'abri de toute attaque, sinon de toute insulte.

La grande rade des îles d'**Hyères,** qui est voisine, permettrait à des flottes entières non seulement de s'abriter, mais de manœuvrer, sans qu'il fût possible d'en bloquer les passes.

On a plusieurs fois proposé de doter notre flotte d'une rade intérieure, mieux protégée, en approfondissant l'étang de Berre et le goulet qui lui donne accès sous le canon du fort de Bouc. Napoléon y avait songé ; ce projet n'a pas été suivi d'exécution.

Les ports d'Algérie sont loin d'être dans une situation aussi avantageuse que ceux de France. La côte n'est, en effet, creusée par aucune baie suffisamment profonde.

Oran et le port voisin de Mers el Kébir ne sont guère que des rades foraines, abritées contre les vents du nord-ouest, mais ouvertes à ceux du nord-est, et dont les défenses sont incomplètes.

Arzeu a peu de valeur militaire.

Alger n'a qu'un port médiocre et qui nécessite encore de grands travaux de protection au point de vue maritime et militaire.

Bougie, Philippeville, Bône, ne sont point assez bien défendus, mais néanmoins offriraient, au besoin, aux navires, un refuge contre la tempête ou contre une poursuite d'un ennemi supérieur.

Sur les côtes tunisiennes, on a projeté la création d'un grand port, soit à Bizerte, soit à Tunis; rien ne paraît encore décidé.

Corse. — La possession de la Corse donne de sérieux points d'appui aux manœuvres des flottes françaises.

La Corse et la Sardaigne, dans le prolongement l'une de l'autre, également montueuses et sauvages, séparées par un étroit bras de mer, semblent être les sommets émergés d'un même massif de montagnes, orienté du nord au sud.

Longtemps rattachée à l'Italie, la Corse, après avoir appartenu successivement aux Pisans, puis aux Génois, fut vendue par ceux-ci à Louis XV en 1758. En 1793, elle se donna aux Anglais, qui en furent définitivement expulsés en 1799[1].

Sur la côte orientale, il y a deux ports : **Bastia,** en face de l'île d'Elbe, et **Porto-Vecchio,** au sud, le meilleur port de l'île, mais dans un pays malsain.

Bastia a pris de l'importance depuis quelques années; des travaux récents lui permettent de recevoir des navires de fort tonnage; il pourrait servir de point de départ à une flotte française pour un débarquement en Italie vers Viareggio, Livourne ou le Monte-Argentario. Un chemin de fer met Bastia en relations avec Ajaccio.

A l'ouest, les montagnes se ramifient en crêtes divergentes, qui échancrent profondément la côte occidentale et forment les excellents ports et les sûrs mouillages de Saint-Florent, Calvi, Porto, Sagone, Ajaccio, et Valinco.

[1] Pour la description géographique de la Corse, voir tome II, *2e édit.*

La rade d'**Ajaccio** a de 11 à 12 kilomètres de long ; sa largeur maximum est de 13 à 14 kilomètres ; sa largeur minimum, de 5 à 6 ; elle est protégée par quelques batteries.

Côtes marocaines. — L'Espagne possède les îles Chafarinas, Melilla, les îles Alhucenas, l'île Velez de la Gomero, Tetuan, Ceuta, mais ces positions, appelées *Presidios de Africa*, et utilisées comme pénitenciers sont sans valeur commerciale ni maritime.

Le port de **Tanger**, résidence des représentants des puissances européennes près le sultan du Maroc, aurait seul quelque importance. Partout ailleurs les côtes marocaines sont inhospitalières.

Ports italiens. — L'Italie, par sa situation privilégiée entre le bassin oriental et le bassin occidental, sa grande étendue de côtes, sa population maritime, les grandes îles de Sardaigne et de Sicile, peut être appelée à jouer un rôle important dans la Méditerranée, lorsque ses flottes militaires et marchandes auront acquis tout leur développement. Elle fait les plus grands efforts pour y arriver, et prétend, dès maintenant, se poser en héritière de Rome. Aussi est-elle trop disposée à voir dans la France un obstacle et recherche-t-elle, pour cette raison, des appuis près des puissances du Nord [1].

Sur le bassin occidental de la Méditerranée, les principaux points d'appui de la puissance maritime de l'Italie sont Gênes, Livourne et Naples ; son grand arsenal est Spezia.

Gênes est la symétrique de Marseille et sa rivale.

[1] L'étude des côtes et des mers italiennes a été faite avec détail dans le tome II, 2e *édition*.

Autrefois c'était au fond des golfes, c'est-à-dire le plus près possible des centres commerciaux de l'intérieur, que s'établissaient les grandes cités maritimes et commerciales. Alors Gênes et Venise étaient les reines de la Méditerranée, l'une pour le bassin occidental, l'autre pour le bassin oriental ; aujourd'hui les chemins de fer ont, au contraire, favorisé les stations extrêmes des péninsules ; tandis que Venise est une ville morte, Brindisi est un port en pleine croissance ; Gênes n'est et ne sera plus qu'un port de second ordre, qui conservera quelque importance grâce à la facilité de ses relations, par voie ferrée, avec la haute Italie et avec les passages des Alpes, et encore ne lutte-t-il qu'avec peine avec Livourne, plus avantageusement situé au point de vue des communications avec l'Italie péninsulaire et avec la partie orientale de la haute Italie.

Naples est non seulement la capitale maritime de la mer Tyrrhénienne, mais ce port a acquis et conservera une grande importance parce qu'il se trouve sur la route de Marseille aux ports du Levant et au canal de Suez, et qu'il devient, pour cette raison, une escale ordinaire de cette navigation. Les navires, partant des ports du nord de l'Europe à destination des mers de la Chine, viennent aussi prendre à Naples le complément de leur chargement, ainsi que les voyageurs qui ont voulu éviter le long circuit par Gibraltar et ont traversé l'Europe en chemin de fer.

Naples n'a pas de défenses ; toutes les richesses militaires de la flotte italienne sont actuellement concentrées à Spezia.

L'Italie doit attribuer une importance non moins grande au détroit de **Messine**, qui lui assure, entre lés deux bassins de la Méditerranée, des communications dont elle peut se rendre exclusivement maîtresse.

Dans sa partie la plus étroite, le passage a moins de 5 kilomètres. On peut prévoir que, dans l'avenir, les chemins de fer de l'Italie seront mis en relations avec ceux de la Sicile par un pont jeté sur le détroit. Palerme, Catane, et surtout Marsala prendront alors une très grande importance.

De la Sicile dépend l'île de **Pantellaria**, très importante par sa position entre la Tunisie et la Sicile, à sept heures de Marsala, à dix de Tunis, et à trois seulement du cap Bon. Elle est fortifiée et servirait de point d'appui à une flotte qui voudrait commander le passage entre les deux bassins de la Méditerranée. Son rôle serait analogue à celui de Malte. Le port est moins bien protégé, mais la situation stratégique de l'île est plus avantageuse.

C'est entre cette île et la côte d'Afrique que se trouve le chenal, en eaux profondes, du détroit de Sicile; entre Pantellaria et la Sicile, s'étend au contraire un banc qui gêne la navigation.

Au sud de Pantellaria, entre Malte et les côtes de Tunisie, les petites îles italiennes de Linosa et de Lampedousa sont commes des vigies poussées vers l'Orient.

Malte. — A vingt-cinq heures de la Sicile et à soixante des côtes d'Afrique, Malte fait partie du groupe des trois îles : Malte, Gozzo, Comino, possédées par les Anglais.

Gozzo a 4 lieues de long sur 2 de large.

Comino n'a pas 1 kilomètre de circuit.

Malte n'est qu'un rocher de 27 kilomètres de long sur 13 de large, dont le point culminant est à 180 mètres au-dessus de la mer. Malgré le manque d'eau et le peu d'épaisseur de la couche de terre végétale, l'île est bien cultivée; son climat est particulièrement doux.

Les Anglais ont couvert ces îles, et particulièrement Malte, de fortifications; ils y ont accumulé des approvisionnements, de l'artillerie, des munitions de toutes sortes, des torpilles en nombre si considérable que l'île est réputée imprenable. Ils y entretiennent toujours une garnison de 4,000 hommes, et y font ordinairement séjourner, pour les préparer au changement de climat, les régiments qui vont aux Indes ou qui en reviennent.

Le port de la Valette est un des mieux abrités et des plus spacieux que l'on connaisse; les grands navires peuvent accoster à quai. On accède dans le port par deux canaux formant cinq rades successives, séparées par autant de croupes, dont chacune porte une citadelle taillée dans le rocher.

La distance de Malte à Gibraltar ou à Larnaca (Chypre) est de cinq jours; celle de Malte à Alexandrié est de trois jours; à Port-Saïd, trois jours et demi.

Si l'on jette maintenant un coup d'œil d'ensemble sur le bassin occidental méditerranéen et que l'on cherche à en dégager les propriétés stratégiques, on reconnaîtra quelle supériorité appartient au port de Toulon pour la domination de cette mer.

De Toülon, les flottes françaises peuvent également agir sur les côtes d'Italie, d'Espagne, et d'Afrique. Toulon est à 120 lieues marines de Philippeville, le point le plus rapproché des côtes d'Algérie. Cette distance peut être franchie en 25 ou 30 heures par les rapides marcheurs. C'est donc à Philippeville, ou au port voisin de Stora, beaucoup mieux qu'à Alger, que la France sera sans doute amenée à créer son principal établissement militaire. S'appuyant sur Toulon et surtout sur Philippeville, ses navires couperont les routes de Gibraltar à Malte ou à Naples.

A moitié distance de Toulon et d'Alger, se trouve Minorque avec Port-Mahon ; si Port-Mahon appartenait à la France, la base d'opérations de ses flottes serait plus avantageusement tracée de Toulon à Alger. Port-Mahon appartient à l'Espagne dont la marine de guerre ne saurait lutter avec celle de la France ; mais on peut facilement comprendre quelles seraient les conséquences d'un coup de main ou d'une alliance qui ferait tomber cette position entre les mains d'une grande puissance maritime.

La base d'opérations étant ainsi déterminée, les passages à occuper pour se rendre maître des lignes de manœuvres, sont, en première ligne, Gibraltar et le détroit du cap Bon ; en seconde ligne, les passages au nord ou au sud de la Corse.

Le détroit de Gibraltar est aux mains des Anglais et

des Espagnols, qui, appuyés sur les forteresses des-
deux rives, sont à même de le barrer.

Le passage du cap Bon appartient, à priori, aux
flottes françaises et italiennes ; mais il est trop large
pour que l'ennemi ne puisse le forcer, surtout si cet
ennemi a pour base Malte.

Quant aux passages au nord et au sud de la Corse,
ils pourraient être disputés par les Italiens, mais la
flotte de guerre française paraît supérieure, et l'on
peut admettre qu'elle sera toujours maîtresse des
routes qui la conduiraient sur les côtes d'Italie, à
moins qu'une force navale sérieuse n'ait l'intention de
lui livrer combat.

Bassin oriental de la Méditerranée.

On peut donner à l'ensemble de ce bassin le nom
de Méditerranée grecque, parce que, de tout temps,
il a été le domaine des navigateurs grecs et, qu'aujourd'hui encore, leurs colonies de commerce en fran-
gent tous les rivages ; mais toutes les puissances européennes y luttent d'influence pour s'assurer la libre
utilisation des routes qui conduisent à Constantinople,
d'une part, en Égypte et dans l'extrême Orient de
l'autre.

La France a été jusqu'aux premières années de ce
siècle la puissance prépondérante dans les mers du
Levant.

Au moyen âge, son pavillon et celui de Raguse
avaient seuls le droit de se montrer dans les ports mu-

sulmans. Elle était et est encore la protectrice officielle des chrétiens de l'Orient. Moins que jamais elle ne saurait abdiquer ses anciennes prérogatives, et il lui importe, autant qu'à l'Angleterre, de garder libres ses communications avec les mers de l'Asie.

L'Angleterre, sa rivale jalouse, s'est toujours efforcée de combattre son influence, cependant un danger plus pressant vînt inquiéter les Anglais. La Russie faisait des progrès menaçants sur la route de Constantinople; elle allait peut-être s'emparer du Bosphore, de là, dominer la mer Égée et, en même temps, couper les routes de l'Euphrate.

Puissance exclusivement maritime, l'Angleterre ne pouvait, à elle seule, arrêter les armées russes; elle réussit à faire oublier à la France ses luttes séculaires, et, moins de quarante ans après Waterloo, elle sut réaliser, à son avantage tout exclusif, cette surprenante combinaison d'une alliance anglo-française. La France jeta ses soldats, ses marins, ses trésors, dans une guerre dont les conséquences ont, plus tard, pesé lourdement sur sa politique et sur ses destinées.

Aujourd'hui, c'est l'alliance germanique que recherche l'Angleterre, dans le même intérêt contre la Russie, et le prix de cette alliance, on peut le prévoir, sera l'occupation, par les Austro-Allemands, du port de Salonique, destiné à devenir la grande place d'échange de l'Europe centrale pour le commerce de l'Extrême Orient. La Russie, d'ailleurs, offrirait sans doute la même concession aux Allemands à la condition que l'Allemagne ne contrariât pas ses projets dans le reste de la Péninsule des Balkans.

Quant à la Grèce, elle revendique toutes les îles et toutes les côtes habitées par des Grecs, c'est-à-dire en définitive, toutes les possessions maritimes de l'Empire ottoman.

La situation géographique de la Grèce est d'ailleurs particulièrement avantageuse ; ses trois péninsules méridionales la rapprochent des côtes africaines, sur lesquelles, autrefois, elle a jeté ses colonies de la Cyrénaïque ; d'autre part, la grande île de Crète, que l'on peut considérer comme une de ses dépendances naturelles, et qui, tôt ou tard, lui sera réunie, ferme au sud un archipel exclusivement grec.

La Grèce tient donc les débouchés du grand courant qui entraîne les flottes de guerre et de commerce de l'Europe vers l'Asie, et elle est à portée du canal de Suez ; son rôle peut devenir très important dans l'avenir, et elle se prépare à le remplir avec une grande ardeur patriotique.

Le bassin oriental de la Méditerranée peut se subdiviser lui-même en trois bassins particuliers :

Le premier bassin est formé par les côtes de la Tunisie, de la Tripolitaine, de l'Italie méridionale, de la Sicile, et de la Grèce. Il comprend la mer Ionienne et la mer des Syrtes ; la mer Adriatique en est une dépendance.

Le deuxième bassin comprend la mer Égée ou Archipel, entre les côtes de la Macédoine, de l'Asie Mineure, de la Grèce, et de la Crète.

Le troisième bassin comprend les mers d'Égypte et de Syrie, encadrées par les côtes de l'Égypte, de la Syrie, de la Cilicie, et de la Crète.

La mer Noire est une dépendance du bassin oriental.

Adriatique. — Les positions maritimes de l'Autriche sur la mer Adriatique sont loin de répondre aux nécessités du commerce actuel, qui demande à être desservi par des voies rapides ; Brindisi a détrôné Venise et Trieste ; Salonique et, plus tard, sans doute, un des ports de la Grèce méridionale, lorsque seront terminés les chemins de fer helléniques, attireront à eux les voyageurs et les marchandises de l'Orient, et détrôneront Brindisi.

Trieste a néanmoins une grande activité. C'est le port d'attaché de la magnifique flotte de commerce du Lloyd autrichien dont les navires desservent toutes les escales de la mer Ionienne et du Levant. Port franc, habité par une population commerçante de toutes nationalités, Trieste n'est et n'a jamais été une ville italienne ; depuis 1382, elle s'est donnée à l'Autriche pour échapper à la suprématie de Raguse et, si les gens du port parlent l'italien, comme sur toutes les côtes, dans les faubourgs adossés aux murailles du Karst de l'Istrie, on n'entend que le slave.

Trieste ne peut être italienne, parce que, ville de commerce cosmopolite, ses intérêts la rattachent à l'Autriche. La revendication de Trieste par l'Italie est une prétention injustifiée ; les excitations bruyantes de quelques orateurs ou publicistes ardents ont réussi pourtant à faire croire à une sorte de droit imprescriptible de l'*Italia irredenta* ; elles ont créé, sur cette question, un faux point d'honneur national et cherchent à faire considérer l'annexion de Trieste à l'Italie comme une légitime aspiration du patriotisme italien.

Fiume est le port de la Hongrie et l'entrepôt de ses blés.

Depuis que Venise a été rendue à l'Italie, c'est à **Pola**, à l'extrémité de la presqu'île d'Istrie que l'Autriche a transporté ses établissements militaires. Le port est fortifié, semble à l'abri d'une attaque et se trouve, d'autre part, avantageusement situé pour permettre, le cas échéant, de jeter un corps de débarquement sur Ancône, Rimini ou Ravenne, tandis que l'on chercherait vainement sur les côtes de l'empire austro-hongrois un objectif intéressant pour une offensive italienne.

Dalmatie. — Le versant adriatique de la Croatie, la Dalmatie proprement dite, et l'Herzégovine, que l'on a appelée aussi la Dalmatie turque, ont des caractères semblables. Ces régions sont accidentées par des chaînes dirigées du sud-est au nord-ouest et dont l'orientation se retrouve également dans les îles dalmates, aux côtes escarpées et rocheuses, dominées parfois par des sommets de 600 mètres de relief.

Au sud du Vellebit est la profonde coupure dans laquelle coulent la Zermanja et la Kerka ; la chaîne se relève ensuite pour former les **Alpes dinariques**, ainsi nommées de leur principale cime, le mont **Dinara** (1812^{m}), près des sources mêmes de la Kerka. Ces montagnes, appelées aussi Alpes illyriennes, se prolongent sous le nom de monts **Prolog** ; elles sont interrompues, de distance en distance, par des brèches qui donnent passage aux routes et aux rivières et se terminent au mont **Orjen** sur les frontières du Montenegro.

Elles ont été déboisées d'une manière presque irrémédiable et forment aujourd'hui une barrière pour ainsi dire infranchissable aux armées, autant à cause du manque d'eau que des difficultés du relief.

Les îles de l'archipel illyrien sont séparées les unes des autres par des canaux d'érosion, n'ayant pas plus de 50 mètres de profondeur. Dans leur disposition générale, elles marquent l'emplacement d'un ancien rivage qui prolongeait la côte occidentale de l'Istrie.

Les courants, les brumes fréquentes, les vents violents rendent la navigation difficile.

L'île de **Lissa**, qui est la plus avancée vers l'ouest, est d'une grande importance pour la marine autrichienne. Elle a des abris excellents pour une flotte et lui permettrait ainsi de dominer la mer Adriatique. C'est dans ces parages qu'en 1866 la flotte autrichienne a battu la flotte italienne.

Entre Lissa et le promontoire du Monte-Gargano, l'Autriche entretient un phare sur la petite île de **Pelagosa**.

A l'entrée du golfe de Quarnaro, il se trouve aussi une

excellente rade à **Lussin Piccolo**, dans l'île de Lussin. En 1859, plus de cent vaisseaux de guerre français et italiens y étaient mouillés à la fois.

Sur la côte ferme, on compte une soixantaine de petits ports, étroits, ceints de murailles, dominés par quelque vieille fortification. Les points les plus notables sont Zara (Zadar), capitale de la Dalmatie ; Sebenico (Sibenik), dans l'estuaire de la Kerka, défendue par un fort dont on améliore les défenses. Des communications relativement faciles mettent Sebenico en rapport avec l'intérieur par Knin ; son port, spacieux et sûr, est accessible aux grands navires.

Spalato [1] (Spliet) a de vieux ouvrages ; c'est la ville la plus populeuse et l'une des plus avantageusement situées.

Les rivages de la Dalmatie avec leurs rangées d'îles séparées par des longs couloirs, dans lesquels ne peuvent naviguer que des pilotes exercés, bordés par des côtes rocheuses, avec une population de pêcheurs pauvres ou de montagnards sauvages, ne peuvent être considérés comme le théâtre probable de grandes opérations de guerre, mais des nuées de torpilleurs ou de corsaires peuvent s'y dissimuler et chasser de cette mer tout pavillon ennemi.

Raguse (Dubrovnik) était autrefois une ville florissante, rivale de Venise et république indépendante. Aujourd'hui elle n'a plus que 9,000 habitants, avec d'anciennes fortifications.

Plus au sud, Castelnuovo est à l'entrée de la remarquable rade intérieure qu'on appelle les **Bouches du Cattaro**. Au fond du golfe est le port de guerre du même nom, défendu par des fortifications qui couronnent les hauteurs voisines.

En prolongeant la côte on trouve le petit port de Budua,

---

[1] Le nom de Spalato rappelle l'immense palais de Dioclétien, si vaste que près de 4,000 personnes vivent aujourd'hui dans les bâtiments qui en restent, et que les voitures circulent dans les anciennes galeries.

fortifié également, et relié à Cattaro par une route carrossable.

Le traité de Berlin a donné à l'Autriche une bande de littoral jusqu'au mont Suturman, y compris le petit port de **Spitza**, dans la baie d'Antivari et le fort de Nehal qui le commande.

De plus, comme on a défendu au Montenegro d'avoir des bâtiments de guerre et que l'on a interdit l'accès de ses côtes aux navires de guerre de toutes les nations, c'est l'Autriche qui est chargée de la police sanitaire et de la surveillance douanière jusqu'aux limites du territoire ottoman.

Les provinces autrichiennes de l'Adriatique sont en majeure partie habitées par des Slaves ; sur les côtes mêmes et dans les îles sont des populations de langue italienne, mais qui, ethnographiquement, sont de races fort mélangées.

L'influence du gouvernement central ne se fait que faiblement sentir sur ces peuples. En 1869, une sérieuse insurrection éclata dans les montagnes voisines de l'Herzégovine. Ce ne fut que par des concessions qu'on put y mettre fin [1]. Une nouvelle insurrection eut encore lieu en 1881 ; comme la précédente, elle eut pour cause le refus des habitants de la Crivoscie (Dalmatie méridionale) de se soumettre à la loi militaire.

Les habitants de la haute Dalmatie, ou Morlaques, sont encore tout à fait incultes.

Les côtes italiennes [2] sont loin d'offrir les mêmes avantages que celles du littoral voisin ; elles sont dépourvues d'abris et de défenses. **Ancône** est plutôt un point indiqué pour un débarquement ennemi qu'une forteresse de défense, et les petits ports formés par les

[1] Voir *Revue militaire française*, avril 1870 et suiv.
[2] Voir pour les détails, tome II, 2* *édition*.

torrents du versant oriental des Apennins ne conviennent guère qu'au petit cabotage.

Brindisi a grandi rapidement, on peut prévoir qu'il décroîtra de même, lorsque le courant de la navigation se portera plus à l'est.

Mer Ionienne et mer des Syrtes. — Une ligne tirée entre l'extrémité de la péninsule hellénique (cap Matapan) au nord, le promontoire du pays de Barca (Ras-Sem) au sud, indique la séparation entre les mers du Levant à l'est, la mer Ionienne et la mer des Syrtes à l'ouest.

Celles-ci remplissent un grand bassin irrégulier qui communique avec le bassin méditerranéen occidental par les deux détroits de Sicile.

Lorsqu'ils ont dépassé Malte en venant de l'Occident, les steamers se rendent à Alexandrie en trois jours et demi, ou à Port-Saïd en quatre jours, tout d'une traite, sans escale; aucune île ne se trouve sur leur route; le littoral africain se refuse en quelque sorte, en décrivant deux golfes profonds, les Syrtes; le littoral européen se dérobe de même, en creusant la mer Ionienne.

La mer Ionienne est un large golfe qui se prolonge par le canal d'Otrante; comme l'Archipel, c'était dans l'antiquité une mer tout hellénique. La race grecque en habitait exclusivement les côtes; d'un côté, à l'est, le Péloponnèse et l'Épire; de l'autre, à l'ouest, les côtes italiennes, que l'on appelait la Grande-Grèce, à cause de ses nombreuses colonies grecques : Salente (Soleto), Tarente, Métaponte (près de Torre di Mare), Héraclée (Policaro), Sybaris (près de Torre Brodognoto), Crotone (Cotrone), Scylacium (Squilace), etc.; et sur les côtes de Sicile : Naxos (Naxie), Catane, Syracuse.

L'Italie a sur cette mer : un port de guerre, **Tarente**, où elle projette de grands établissements militaires, et qui sera l'arsenal de la Méditerranée orientale, comme Spezia est celui de la Méditerranée occidentale ; un port de commerce, Catane, et, entre les deux, une position maritime et militaire de premier ordre, Messine, qui commande le détroit du même nom, et lui assure le libre mouvement de ses flottes d'une mer à l'autre.

C'est par la mer Ionienne que s'établissent les relations entre l'Italie et la Grèce.

Cette mer a eu beaucoup d'importance dans l'antiquité, alors qu'elle était traversée par les routes de Rome à Byzance, entre *Barium* et *Anti-Barium* (Bari et Antivari), entre *Brindes* et *Dyrrachium* (Brindisi et Durazzo). Ces relations ont cessé depuis que la Péninsule des Balkans est tombée sous le joug ottoman ; mais il est facile de prévoir qu'elles se rétabliront un jour et que des chemins de fer, traversant l'Albanie, comme les voies antiques, rétabliront des rapports directs entre Rome et Constantinople. De là, des vues d'avenir encore mal définies, mais parfaitement esquissées déjà, et qui attirent l'Italie vers l'Albanie.

Autrefois, l'Albanie et l'Épire ont eu des ports ; les pauvres bourgades de San Giovanni de Medua, de Durazzo (l'ancien Dyrrachium), d'Avlona (6,000 habitants), de Boutrinto, en face de Corfou, entouré de marécages, etc., qui sont des escales rarement visitées par les bâtiments du Lloyd autrichien, méritent-ils encore ce nom ?

Quant à Corfou, à Lépante (Epactos), aux autres ports de la Péninsule hellénique, il faut attendre que la nationalité grecque se soit reconstituée pour espérer leur renaissance.

Le percement bientôt terminé de l'isthme de Corinthe ramènera sans doute une plus grande activité dans les eaux ioniennes et donnera quelque importance au groupe des **Iles Ioniennes** : Corfou, Leucade, Céphalonie, Théaki (Ithaque), Zante, qui sont sur les routes du golfe de Corinthe.

Le golfe de Corinthe et le canal maritime qui le prolongera offriraient, à la flotte qui en serait maîtresse, une route rapide pour se porter de la mer Ionienne à la mer Égée.

La mer des Syrtes n'est plus une mer européenne. Elle appartient à l'Afrique; elle est en dehors des grandes routes de navigation et elle n'intéresse pas, quant à présent, la politique européenne. C'est le désert maritime qui fait suite au désert africain.

La France sera certainement amenée à créer un port de guerre sur les côtes de Tunisie, mais il n'est pas probable que les côtes de la Tripolitaine, Tripoli ou Bengasi qui en sont les points principaux, acquièrent jamais une grande importance maritime ni au point de vue du commerce, ni à celui de la guerre.

Le grand bassin, formé par la mer Ionienne et par la mer des Syrtes, paraît donc avoir peu d'intérêt militaire, en dehors du canal d'Otrante et des détroits de Sicile qui ouvrent les passages des flottes de l'Occident vers l'Orient.

Mer Égée. — Entre les côtes de la Grèce et celles de l'Asie mineure, les côtes de l'ancienne Macédoine et celles de l'île de Crète, s'étend la mer Égée, si peuplée d'îles, qu'on lui a donné vulgairement le nom d'Archipel.

La race d'hommes qui en a colonisé les îles et les rivages, a reçu elle-même dans l'antiquité le nom de Pélasges, les hommes de la mer.

Les côtes continentales et les îles de la mer Égée ont été illustrées dans l'histoire de l'antiquité. Les artistes, les savants, les historiens dont les noms rappellent les plus belles époques de la civilisation grecque, les saints et les apôtres des premiers temps du christianisme ont vécu et ont laissé leurs traces sur ces terres privilégiées.

La péninsule hellénique, de ses trois promontoires bizarrement découpés comme les pointes d'un trident, pénètre profondément dans les eaux du bassin oriental de la Méditerranée; elle semble affirmer sa prépondérance et son droit de domination daus les mers du Levant. De fait et malgré la destruction de l'empire grec découpé en provinces et réduit à l'état de vassalité par les Romains, en dépit de l'écrasement de la nationalité hellénique sous le joug musulman, c'est toujours la race des Pélasges qui est maîtresse dans ces mers. C'est sa langue que l'on parle dans tous les ports, ce sont ses commerçants qui, par leur intelligente activité, en vivifient tous les rivages ; ce sont ses matelots qui montent la plupart des navires qui en sillonnent les routes.

Ne doit-on pas prévoir quel rôle important sera celui de la Grèce, le jour où elle aura réuni tous ses enfants sous une même loi, et où elle leur aura rendu une patrie.

Dans le partage des domaines des Turcs, les Grecs réclament outre les terres jadis possédées par leurs ancêtres, et que leurs enfants n'ont jamais abandonnées, les territoires nouvellement occupés en Macédoine par leurs colonies de commerce. Ils s'efforcent dès maintenant d'affirmer leurs droits, et de faire prévaloir leurs revendications en face des prétentions contraires des Slaves : Bulgares ou Serbes, et malgré l'opposition des Allemands et des Anglais.

Le jour où se posera définitivement la solution du problème oriental, c'est-à-dire lorsque le refoulement des Turcs en Asie sera près d'être terminé et que les puissances chrétiennes lutteront entre elles pour la domination de cette mer, bien des ports, jadis célèbres et dont les noms sont aujourd'hui à peine connus, auront un rôle militaire important à jouer. Quant à présent on se borne, en quelque sorte, à prendre position pour l'avenir et, par leurs rivalités mutuelles, les grandes puissances ont jusqu'ici réussi à s'exclure les unes les autres.

En 1878, lors du traité de San Stefano, la Russie, en constituant une grande principauté de Bulgarie, lui avait attribué une notable partie des côtes de la Macédoine et de la Thrace et lui avait donné le port de Salonique. Il se serait alors formé une petite marine bulgare, sous la tutelle de la Russie et sous le commandement de ses officiers. La marine de guerre russe, que la jalousie anglaise a confinée dans la mer Noire, briserait ainsi ses entraves, et, sous le pavillon bulgare ou russe, des navires russes auraient, un jour, promené leurs canons dans la Méditerranée.

Le traité de Berlin a ruiné ces espérances ; les frontières de la Bulgarie et même celles de la Roumélie ont été tracées si loin de la côte que tout espoir semble enlevé à la race slave d'acquérir une station maritime si convoitée sur les côtes de la mer Égée. Bien plus, on a favorisé les progrès de l'Autriche dans cette direction et un jour viendra où Salonique sera un port autrichien, c'est-à-dire un port allemand.

Dans la guerre maritime que le conflit des intérêts pourra amener entre les puissances européennes, le concours de la Grèce serait un appoint très sérieux. Aux grands cuirassés, elle offrirait les ancrages de ses rades et les ressources de ses ports ; aux torpilleurs les abris de ses îles, ou des rochers de ses côtes ; aux uns et aux autres le personnel inépuisable de ses habiles pilotes.

La France, dont l'amitié pour la Grèce ne s'est jamais démentie est intéressée à conserver les sympathies du peuple grec.

La mer Égée est fermée au sud par une chaîne de grandes îles qui relient la Morée à l'Asie mineure : Cérigo, Crète, Rhodes.

Cérigo, l'ancienne Cythère, la voluptueuse, bien déchue aujourd'hui. Elle a quelque agriculture, mais aucune importance maritime. Elle appartient à la Grèce.

Candie ou **Crète**, l'île aux cent villes, gouvernée par le sage Minos. Elle s'allonge de l'est à l'ouest sur une étendue de 255 kilomètres ; sa largeur maximum est de 60 kilomètres. Son sommet culminant, le Psiloriti, l'ancien mont Ida, dépasse 2,000 mètres ; c'est une montagne isolée, de laquelle la vue s'étend des côtes d'Europe à celles d'Asie.

A l'époque romaine, on disait que ses habitants étaient fort dégénérés et corrompus. Les Turcs s'en emparèrent en 1669. Depuis lors, elle est dévastée ; cependant sa population est encore d'environ 460,000 habitants, et par ses richesses naturelles elle est, dit-on, la plus belle île de la Méditerranée ; ses campagnes sont toujours vertes ; l'oranger, le rosier y fleurissent en toutes saisons ; ses vins, ses huiles, son miel sont aussi renommés que dans l'antiquité, bien que l'agriculture y soit fort délaissée. Elle exporte, en outre, des soies de qualité supérieure.

En 1866, sa population chrétienne s'insurgea et réclama sa réunion à la Grèce. Grâce aux difficultés du pays, et aux secours de toute nature qu'ils recevaient du dehors, les insurgés crétois tinrent longtemps en échec les forces turques ; mais, en 1881, le congrès des grandes puissances décida néanmoins que la Crète serait laissée à l'Empire ottoman.

C'est que les sultans de nos jours sont des princes sans puissance, et qu'ils ne portent ombrage à personne, tandis que la Grèce pourrait bien, comme nous l'avons montré plus haut, jouer un rôle actif dans une lutte maritime entre des puissances chrétiennes et que, dans ses mains, la Crète acquerrait alors une singulière importance militaire.

La côte méridionale de l'île est dépourvue d'abris ; le point le plus notable est Sphakia, village de 1500 hatants, centre de la vaillante tribu montagnarde des Sphakiotes.

Sur la côte septentrionale, au contraire, se trouvent de beaux ports :

La Canée (Chania), au fond de la baie du même nom et près de la baie de Souda, où s'étaient réunies en 1886 les flottes des puissances européennes destinées à opérer dans les eaux grecques ; 7,000 habitants, dont 4,000 musulmans et 1000 étrangers.

Rhitymno ou Retimo (7,000 habitants).

Mégalokastro ou Candie (42,000 habitants), résidence du gouverneur turc et de l'évêque grec, avec une forteresse, célèbre par la résistance des Vénitiens (1645-1665). Dans les environs se trouvent de nombreuses grottes où les anciens plaçaient les légendes du *Labyrinthe de Crète* et du *Minotaure*.

Entre Candie et les côtes d'Asie mineure, sont le groupe des îles peu importantes de Carpatho et la grande île de **Rhodes**, dont il est parlé plus haut, fort remarquable comme position maritime.

A l'époque de l'expédition d'Égypte, c'était dans les ports de Rhodes, avons-nous dit, que se réunissaient les flottes anglaise et ottomane, qui portaient les troupes chargées d'opérer sur les côtes de la Syrie et de l'Égypte.

C'est également à Rhodes que, pendant la guerre de l'indépendance grecque, se rassemblaient les flottes turque et égyptienne, avant d'attaquer les îles et les côtes de la Grèce. Ses rades furent le théâtre des exploits de Canaris [1].

---

[1] La flotte égyptienne forte de 64 voiles, portant 8,000 hommes, était réunie à la flotte turque dans les eaux de Rhodes. Les Grecs n'avaient pas plus de 60 bateaux. Ils se portèrent cependant bravement à l'attaque, précédés de 5 brûlots. Frappés de terreur, les Turcs s'enfuirent. Canaris put néanmoins incendier le vaisseau amiral, et les Égyptiens restés seuls suivirent bientôt les Ottomans dans leur fuite.

La capitale de l'île a un bon port ; sa population est de 6,000 habitants. Elle est à vingt-cinq heures de navigation de Smyrne, et à trente-sept heures de Larnaka (île de Chypre).

En face de Rhodes la baie de Marmaritza a une certaine importance.

Les autres îles de la mer Egée, qui appartiennent à l'Empire ottoman ont conservé, en majeure partie, leur population grecque. Après avoir été ruinées et dévastées pendant les guerres de l'indépendance grecque, elles reprennent, peu à peu, leur ancienne prospérité. Les principales sont : sur la côte européenne, Thasos, Samathraki, Limnos ; sur la côte asiatique, **Tenedos, Mytilène** (l'ancienne Lesbos), **Chios, Samos**, etc. Nous en avons parlé précédemment.

Thasos est le berceau de la famille de Mehemet-Ali et de la dynastie égyptienne. Les sultans en ont gracieusement cédé l'administration et les domaines aux khédives. L'Angleterre en a profité pour y réunir des approvisionnements pour sa flotte de guerre (1886).

On dit, d'autre part, que les couvents grecs orthodoxes de la presqu'île du mont Athos sont pour la Russie des postes de surveillance militaire où elle envoie ses officiers.

Au centre de la mer Égée, est l'île de **Syra** ; sa capitale, Hermopolis, rivale du Pirée, est une position maritime et commerciale de la plus haute importance, sur la route que les navires suivent pour aller de Constantinople à Palerme, d'Alexandrie à Smyrne et à Salonique.

A peu de distance est **Délos**, l'île sainte, le sanctuaire vénéré de la Grèce antique, célèbre par son
temple consacré à Apollon et à Diane. Les villes de la
Grèce y envoyaient des ambassades et de riches présents. C'était le centre social de toutes ces petites républiques si souvent en lutte les unes contre les autres ;
c'est, en effet, le centre géométrique, on pourrait dire
le centre de gravité du monde grec ; c'est là que viennent se serrer et se grouper les fils de la trame dessinée par les routes des navires qui cabotent d'île en île
entre l'Asie et la Grèce, et par celles des superbes steamers qui vont des ports du Levant à ceux de l'Occident.

Autour de Délos, « rangées en cercle comme les suivantes autour d'une reine », d'où leur vient leur nom,
se groupent les **Cyclades** ; pour la plupart stériles et
peu habitées, ce ne sont que des cimes de montagnes
dont les versants sont recouverts par les eaux.

Plus au nord, les **Sporades**, dont les principales
sont Skopelos et Skyros, dépendant de la nomarchie
d'Eubée.

Sur les côtes de terre ferme, on trouve plusieurs
grandes stations maritimes, célèbres de tout temps, et
auxquelles l'ouverture du canal de Suez et la création
de chemins de fer rendent peu à peu leur splendeur
passée.

Les principales sont : Athènes, Smyrne, Salonique.

Athènes a pour port le Pirée dont l'importance
commerciale est inférieure à celle d'Hermopolis, parce
qu'il ne se trouve pas, comme cette ville, sur les routes
les plus directes de Constantinople ; mais lorsque
l'isthme de Corinthe sera coupé et que le commerce

maritime de l'Adriatique prendra forcément cette voie plus rapide, le Pirée deviendra, comme Syra une escale naturelle, et plus avantageuse sans doute, des routes de Trieste à Smyrne, à Constantinople et à Port-Saïd.

Smyrne est le plus grand emporium de commerce de l'Asie mineure.

On y compte 150,000 habitants, dont : 75,000 Grecs, 45,000 Turcs, 15,000 juifs, et 6,000 Levantins (Arméniens ou autres). On estime à 125 millions de francs son commerce d'exportation, consistant en huiles, opium, blé, coton, etc. Environ 1600 navires visitent annuellement son port. Un chemin de fer part de Smyrne, conduisant à Manissa (60,000 habitants), et se prolonge jusqu'à Alascher (ancienne Philadelphie), qui est ainsi actuellement la tête de route des caravanes.

Smyrne est également mis en relation ferrée avec le port de Scala Nova, qui est en face l'île de Samos.

Salonique est, de tous les ports de cette mer, celui qui est appelé au plus grand avenir.

Héritière de l'ancienne Thessalonique qui était regardée autrefois comme la capitale du christianisme en Orient, c'est encore une ville de 100,000 habitants, où se fait un grand commerce, alimenté par les céréales des vallées du Vardar et de la Struma.

Un chemin de fer, construit depuis plusieurs années déjà, remonte la première de ces deux vallées ; il est terminé jusqu'à Mitrovitza. Il est destiné à être relié, d'une part avec le réseau autro-hongrois, de l'autre avec les chemins de fer serbes ; lorsque ces raccords seront achevés, le port de Salonique deviendra le port principal d'embarquement de l'Europe centrale, non seulement pour le commerce du Levant, mais encore pour celui des mers des Indes et de la Chine par Suez.

C'est aussi par Salonique que sera tracée la route la plus directe et la plus rapide entre l'Angleterre et les Indes.

Les autres ports des côtes d'Asie et d'Europe de l'Empire ottoman ont peu d'importance, cependant **Dedeagatch**, qui est la tête du chemin de fer d'Andrinople, a un certain rôle militaire à jouer ; c'est là que furent débarquées, en 1878, les troupes de Soliman-Pacha que l'on ramenait d'Albanie pour les porter sur les Balkans. C'est encore par là que pourrait se produire, le cas échéant, l'intervention armée d'une puissance occidentale sur le théâtre de guerre de la Bulgarie.

Dedeagatch et **Enos** à l'embouchure de la Maritza sont les ports de commerce du bassin de la Maritza.

Les principaux ports des côtes de Grèce sont :

Volo, enrichi par le commerce des blés, au fond d'un beau golfe facile à défendre, pourra faire, dans certaines circonstances, échec à Salonique.

Le Pirée maîtrisera l'isthme de Corinthe à l'est. L'accès occidental du golfe de Corinthe est surveillé : sur la côte d'Acarnanie par Missolonghi, célèbre par son héroïque résistance dans la guerre de l'indépendance (avril 1826), et par Naupacte (Epacto), le Lépante des Italiens, qui a donné aussi son nom au golfe; sur la côte opposée, par Patras, qui est actuellement le port principal de la Grèce, pour le commerce de l'Occident.

Les côtes méridionales du Péloponèse, si profondément échancrées, offriraient aussi nombre de positions utilisables dans une lutte maritime; mais jusqu'à ce jour aucun des ports qu'on y trouve n'a d'activité commerciale. Ce sont :

Neokastro (Navarin), sur la côte de Messénie, dans la baie où la flotte turque fut détruite en 1827, par les flottes combinées française, anglaise et russe.

Modhon, à peu de distance au sud.

Coron, sur le golfe du même nom, l'un et l'autre absolument déchus.

Kalamata, au fond du golfe de Coron, n'a qu'une mauvaise rade.

Marathon, pauvre bourgade dans le golfe du même nom.

Monemvasia (ancienne Malvoisie), sur la côte est de Laconie, vieille forteresse ruinée.

Nauplie, avec un bon port et une forteresse ; c'est aujourd'hui l'arsenal de la Grèce.

Entre les golfes de Nauplie et d'Égine, c'est-à-dire entre Nauplie et le Pirée, s'avance la longue presqu'île que prolonge l'île d'**Hydra**. La position de cette île est avantageuse, bien qu'elle n'ait ni port ni abri sûr; elle a fait autrefois un grand commerce. Avant la guerre de l'indépendance, les Hydriotes avaient 400 navires. Ils armèrent plus de 100 bâtiments de guerre portant 2,000 canons; mais, une fois la guerre terminée, ils ne purent plus soutenir la concurrence commerciale du Pirée et de Syra, et la prospérité de leur île alla en décroissant de jour en jour.

Le théâtre de guerre particulier du bassin de la mer Égée est nettement délimité.

Les ports de la Crète forment une base excellente pour les flottes ennemies qui auraient à agir contre les côtes de la Grèce ou de l'Empire ottoman. En tenant les détroits de l'île de Cerigo à l'ouest, de l'île de Karpatho à l'est, on empêcherait, suivant le cas, les flottes occidentales d'entrer dans la mer Égée, les flottes turques ou grecques d'en sortir. De là l'importance des rades de Souda et de la Canée à l'ouest, de Candie et de Mirabella à l'est, et, si l'on veut agir sur la route de Malte à Port-Saïd, de celle de Sphakia, au sud.

La position centrale d'où l'on dominerait la mer Égée est à l'île de Syra, et, comme nous l'avons dit, les découpures des côtes de la terre ferme et des nombreuses îles de l'Archipel se prêtent mieux aux manœuvres de flottilles de petits navires rapides qu'aux mouvements d'escadres de grands bâtiments.

Les principaux objectifs à atteindre seraient le Pirée, Salonique, les Dardanelles, Smyrne où les flottes trouveraient quelques ravitaillements en vivres et en charbon, mais il n'existe aucun port militaire et aucun grand arsenal de réparations.

Il est difficile de prévoir quel caractère aurait une guerre maritime comme celle dont nous faisons l'hypothèse. La victoire resterait-elle à la flotte qui amènerait le plus grand nombre de grands navires de combat, bardés de fer, armés de canons monstres, ou bien les petits bateaux, rapides marcheurs, habiles à fondre inopinément sur l'ennemi, à se dérober dans les criques, où leurs pesants adversaires ne sauraient les suivre, les agiles et redoutables torpilleurs ne resteraient-ils pas maîtres de ces mers? Ne verrait-on pas se renouveler des exploits semblables à ceux des héroïques marins de l'indépendance grecque. D'autres Canaris ne se révéleraient-ils pas dans une guerre qui aurait tant de promesses pour l'avenir de leur patrie.

Quoi qu'il en soit, on peut affirmer que le concours des marins grecs serait un appoint si sérieux pour l'un des belligérants, qu'on pourrait le considérer comme un gage certain de succès.

Si la mer Égée est bien en vérité une mer grecque,

les Grecs, trop faibles encore, sont cependant loin d'être maîtres dans ses eaux. Elle est ouverte aux flottes de guerre de toutes les puissances, la Russie excepté, puisque les navires russes ne sauraient sortir de la mer Noire sans l'agrément des gardiens du Bosphore et des Dardanelles, et que la flotte de la Baltique, outre qu'elle aurait un grand voyage à faire, manquerait sur sa route de ports de refuge et de ravitaillement.

Quant à la marine de guerre ottomane, elle est toujours respectable, mais elle tire la majeure partie de sa force de ses équipages de race grecque et de ses officiers ou ingénieurs anglais.

Si les uns ou les autres venaient à lui faire défaut saurait-on dire ce qu'il adviendrait d'elle?

Dardanelles et mer de Marmara. — Le détroit des Dardanelles, par lequel la mer de Marmara communique avec la mer Égée, a 67 kilomètres de long sur une largeur qui varie de 1260 à 7,590 mètres. Sa navigation est fort difficile pour les bâtiments à voiles qui, pendant plusieurs mois, ne peuvent lutter contre les vents permanents du nord-est.

L'entrée des Dardanelles, du côté de la mer Égée, est marquée par la grande île d'Imbros à gauche, et par Tenedos à droite. En face de Tenedos se trouvent les célèbres rivages de la *Troade.*

Au nord de l'île, sur la côte d'Asie, est la baie de **Besika,** où se réunirent en 1853 les flottes combinées de la France et de l'Angleterre avant de franchir les Dardanelles. Pendant la guerre de 1877-1878, la flotte anglaise y stationna jusqu'au moment où la marche des Russes sur Constantinople l'amena à franchir le détroit et à prendre, dans l'île de Marmara, le mouillage des **îles des Princes,** prête à couvrir la capitale de l'Empire ottoman.

L'entrée même du détroit est marquée par le château de Koum-Kalessi (rive asiat.) et celui de Setil ou Sudd-Ul-Bahar-

Kalęssi (digue de la mer) (rive europ.), à l'extrémité de la Chersonèse. La distance est de 4,300 mètres environ ; les batteries croisent donc facilement leurs feux.

La rivière des Dardanelles et les châteaux qui ont donné leur nom au détroit sont, sur la rive asiatique, à un étranglement où le courant, constant et très rapide, de la mer de Marmara vers la Méditerranée, ne peut être remonté par les voiliers, à moins d'un vent favorable du sud. Ce passage est battu et enfilé pendant une lieue par des batteries armées de grosses pièces. Il fut mal défendu et forcé, en 1807, par une flotte anglaise, mais, quelques jours après, au retour, le général Sebastiani, ambassadeur de France, ayant pu envoyer quelques officiers français qui ranimèrent le courage des Turcs, les Anglais perdirent plus de 200 hommes ; tous leurs vaisseaux, percés par les gros projectiles de pierre que lançaient les batteries, subirent de graves avaries. Une flotte, même cuirassée, aurait, de nos jours, la plus grande difficulté à renouveler cette audacieuse entreprise.

La pointe de Nagara (rive asiat.) marque l'extrémité de ce dangereux passage, qui n'a en cet endroit que 1960 mètres environ de large. C'est le promontoire d'Abydos des anciens, à peu près en face la baie de Sestos[1], où Xerxès fit jeter un pont ; et c'est là également que les Ottomans passèrent pour la première fois sur la rive européenne.

Gallipoli (rive europ.) est à la sortie orientale du détroit. C'est une ville de commerce de 30,000 habitants. Les Ottomans s'en emparèrent en 1357, un siècle avant la prise de Constantinople.

Les ports notables de la côte européenne sur la mer de Marmara sont Silivri et Rodosto (23,000 hab.) ; ce dernier fait un grand commerce d'exportation de laines. Sur la côte asiatique se creusent profondément la baie d'Ismid et celle de Moudania, point de départ du chemin de fer de Brousse.

En face de l'entrée du Bosphore est le mouillage des **îles**

---

[1] Immortalisé par la légende d'Héro et de Léandre.

des Princes, position d'observation des flottes qui ont à protéger Constantinople.

Bosphore. — Le Bosphore est un canal long de 30 kilomètres environ par lequel se déversent les eaux du bassin de la mer Noire, qui sont à un niveau sensiblement plus élevé que celles de la Méditerranée et à une température différente. Aussi est-il parcouru par un courant fort rapide du nord au sud, qui suit la côte d'Europe, tandis qu'un contre-courant beaucoup plus faible remonte la côte d'Asie.

La largeur varie depuis 600 jusqu'à 3,200 mètres ; partout, la profondeur est considérable.

Le canal forme une suite de bassins, séparés par des étranglements, sur lesquels sont établis une série de forts et de batteries, armés d'une formidable artillerie.

A l'entrée, du côté de la mer Noire, les forts de Kilia, sur la rive d'Europe, et de Riva, sur la rive d'Asie, protègent les ouvrages du Bosphore contre un débarquement qui les prendrait à revers.

Puis on passe successivement devant : les batteries de Karibtché (rive d'Europe), qui croisent leurs feux avec celles de Poiraz (rive d'Asie) ;

Roumili Kavak et Teli Tabia (rive d'Europe), qui croisent eurs feux avec **Anadouli Kavak** et Joucha (rive d'Asie). C'est là que se trouve la barrière principale du Bosphore. Les Génois, au XIVᵉ siècle, y avaient construit deux forts entre lesquels ils tendaient une chaîne. La possession leur en fut vivement disputée par les Vénitiens et par les Byzantins.

En descendant la rive d'Europe, on rencontre bientôt le charmant village de Bouyouk-Déré et Thérapia, où sont les résidences d'été des ambassadeurs étrangers. Les hauteurs qui les dominent sont couvertes par la belle forêt de Belgrade, où se trouvent les bassins qui alimentent d'eau douce les quartiers de Pera et de Galata. En occupant ces hauteurs, l'ennemi priverait d'eau la moitié de Constantinople.

Il y a encore des batteries près de Thérapia et, plus loin, à

Yeni-Keui (rive d'Europe) ; enfin, une vieille citadelle très forte à **Roumili Hissar** (rive d'Europe) ; en face, les anciennes fortifications de Anadouli Hissar (rive d'Asie) sont en ruines

Les fortifications des Dardanelles et du Bosphore ont été améliorées et complétées depuis 1885. Des tourelles et des batteries cuirassées ont été construites en plusieurs points.

Quelle que soit la force réelle de ces défenses successives, bien entretenues et puissamment armées, on a émis l'opinion, en s'appuyant sur des exemples tirés de la guerre de la Sécession et de la guerre du Paraguay, qu'elles seraient impuissantes pour interdire le passage à une flotte cuirassée, si des torpilles n'entravaient pas la navigation et si une flotte n'était pas prête à en disputer la possession.

La beauté pittoresque des rives du Bosphore, bordées de palais et de villages de plaisance, le charme merveilleux de la lumière qui en baigne les contours, ont été maintes fois vantés par les voyageurs ; toutes les descriptions restent pourtant au-dessous de l'impression que l'on ressent devant ce panorama, sans doute unique au monde.

Sur ses rives, deux mondes différents, deux civilisations, deux religions sont entrés en contact et, tantôt violente, tantôt sourde, la lutte continue toujours entre ces deux sociétés, l'une européenne, l'autre asiatique, si différentes l'une de l'autre que, juxtaposées depuis l'origine de l'histoire, elles ne sont jamais parvenues à se fondre ensemble.

Constantinople se trouve à l'extrémité méridionale du Bosphore, sur les deux bords d'une baie allongée, bien célèbre sous son nom de **Corne d'or.**

La ville se partage en plusieurs quartiers distincts, quoique contigus :

Sur la rive gauche de la Corne d'or, *Galata* est le quartier marchand, habité par les Francs, et où se trouvent les comptoirs des grandes maisons de commerce.

Péra, sur la hauteur, est le quartier européen, presqu'une ville française, où se trouvent les ambassades, et qui diffère des autres quartiers par une propreté relative.

Sur la rive droite : *Stamboul*, la vieille ville de Constantin, est aujourd'hui le quartier musulman proprement dit, avec les grandes mosquées et le palais du Sérail.

Phanar, le quartier grec, résidence du patriarche, et *Balata*, le quartier juif, le plus pauvre et le plus sale d'une ville dont la malpropreté et les détails misérables forment un surprenant contraste avec le panorama superbe qu'elle présente et les richesses qu'elle renferme.

Trois ponts font communiquer les rives de la Corne d'or ; à son extrémité se trouvent l'arsenal et les grands établissements de la marine de guerre.

Le sultan habite ordinairement le palais d'Yediz-Kiosk en dehors de la ville.

En face, sur la rive opposée du Bosphore, Scutari est, pour ainsi dire, le faubourg asiatique de Constantinople.

Stamboul a la forme d'un triangle, dont le côté sud est formé par la mer, le côté nord-ouest par l'enceinte, et le côté nord-est par la Corne d'or.

Le côté qui fait face au Bosphore est défendu par le Sérail près de la Corne d'or, et, à l'autre extrémité, par le château des Sept-Tours.

Le front de terre est défendu par une vieille muraille, avec des tours et des fossés en ruines ; mais la meilleure ligne de défense est à 30 kilomètres en avant, formée par une suite de hauteurs entre Boujouk-Tchekmédje sur la mer Marmara et Terkas sur le Bosphore ; les empereurs grecs y avaient élevé des retranchements, et la force naturelle de cette position leur permit de résister longtemps aux attaques des Turcs. En 1453, Constantin XI y soutint un siège de 54 jours, avec 10,000 hommes, contre l'armée du sultan Mahomet II, forte de 250,000 hommes.

L'importance de Constantinople est une conséquence

de sa situation géografique sur les lignes de jonction entre l'Europe et l'Asie, Là viennent se croiser les grandes routes du commerce européen et du commerce asiatique :

de Vienne par Belgrade et Sophia ;

de Kiev ou de Moscou par Bucarest ;

de la Caspienne et du Caucase, par Tiflis et Erzeroum ;

du golfe Persique et de l'Euphrate ;

et les routes maritimes des ports de la Russie méridionale vers l'Europe et vers Suez.

Mer Noire. — La mer Noire est une mer fermée, un grand lac ; on ne peut guère la considérer comme une dépendance de la Méditerranée dont elle est absolument séparée et avec laquelle elle ne communique que par de longs canaux, pour ainsi dire comme la mer Rouge communique par le canal de Suez.

L'Empire russe et l'Empire ottoman s'en partagent la domination, mais les flottes de l'Empire ottoman, étant maîtresses des détroits, peuvent seules y entrer et en sortir à leur gré ou y faire entrer des flottes alliées, tandis que les flottes russes sont obligées de se suffire à elles-mêmes et de se fournir, à grands frais, par les longues routes de terre, de l'armement et du charbon qui leur sont nécessaires ; mais, tel est aujourd'hui l'état de décadence de l'Empire ottoman que, pendant la dernière guerre de 1877-1878, sa flotte, malgré sa supériorité réelle, n'a pas su commander sur cette mer. A peine a-t-elle pu porter quelques partis d'émigrés sur les côtes de Circassie et l'on a vu les torpilleurs russes venir jusque dans le Danube, près de Galatz, faire sauter les superbes cuirassés turcs. On peut donc prévoir que, dans l'avenir, la mer Noire est destinée à devenir un lac russe.

La destruction de ses arsenaux devant Sevastopol, pendant la guerre de Crimée, avait eu pour résultat de ruiner momentanément la puissance maritime de la Russie. Elle a reconstitué ses moyens de guerre à Nicolaïevsk, au fond d'une rade bien protégée ; elle affirme, de plus en plus, ses prétentions de suprématie qu'une nouvelle alliance franco-anglaise ne viendra certainement plus combattre, et elle a dans Odessa une place de commerce et une flotte marchande de premier ordre.

En attendant qu'elle puisse sortir du Bosphore, elle a d'abord, en profitant de la guerre de 1870, rompu les entraves que lui avait imposées le traité de Paris de 1856. Le traité de Berlin de 1878 lui a reconnu la possession des rives de la branche nord du delta du Danube et, par là, lui a donné accès dans le fleuve. Enfin, elle a acquis sur la côte d'Arménie, sous certaines restrictions dont elle vient de s'affranchir, l'importante position de Batoum qui devient à la fois la base de ses opérations dans la Transcaucasie et la Transcaspienne et l'une des escales de la route qu'elle va jalonner à la fois sur terre et par mer, depuis le Caucase jusqu'à Constantinople.

Enfin, si elle n'est pas encore maîtresse à Varna, l'attitude qu'elle prend actuellement (déc. 1886) prouve bien son intention de n'y tolérer aucune autorité qui ait quelque velléité de se soustraire à ses volontés.

On trouvera plus haut quelques détails sur les côtes russes et sur les côtes asiatiques de l'Empire ottoman de la mer Noire. La partie des côtes européennes de la Turquie a peu d'intérêt en dehors des embouchures du Danube et du port de Varna.

Le Danube forme trois bras principaux :

Le bras du nord, qui marque la frontière, passe à Ismaïlia, Chilie, Vêlkova.

Le bras du sud passe à Tulcia ; il se bifurque lui-même : à gauche, par le bras de Soulina, à droite, par celui de Saint-Georges.

Les îles formées par les dérivations du Danube sont marécageuses et couvertes de roseaux gigantesques.

Le bras de **Chilie** (Kilia) se subdivise à Vêlkova et tombe dans la mer par cinq embouchures ; il n'a que un à deux mètres de fond ; c'est le canal de Stamboul qui, d'après le traité de Berlin, forme la limite entre la Russie et la Roumanie.

Le bras de **Soulina**, qui est le seul facilement navigable, a une largeur de 70 à 80 mètres et une profondeur de 5 à 7 mètres. Soulina est aujourd'hui une ville presque européenne, que visitent chaque année plus de 3,000 navires.

Le bras de **Saint-Georges** est le plus large et le plus profond, mais son embouchure est ensablée. Il communique par la dérivation du Dunavetz (r. d.) avec le lac de Rasim, qui se déverse beaucoup plus au sud dans la mer Noire.

Les bouches du Danube ont ainsi une étendue de 138 kilomètres.

Sur la côte de la Dobroudja, la petite ville de Küstendié, tête du chemin de fer de Tchernavoda, a eu une certaine activité, bien diminuée depuis la construction de la ligne Varna—Roustchouk.

Varna, place forte, était le port principal de la Turquie ; ce fut dans toutes les guerres un des premiers objectifs de l'offensive russe et la base de ses opérations dans la péninsule des Balkans. En 1854, l'armée franco-anglaise y fut concentrée avant d'être transportée en Crimée.

En suivant les côtes vers le sud, les points principaux sont :

Misivri, petit port au sud du cap Emineh ;

Bourgas, ville fortifiée, et port sur le golfe du même nom, point de départ de la route de Varna par le col de Nadir Derbend, et d'une autre route sur Andrinople par Karabounar et Omar Faki ;

Midia, point de départ d'une assez bonne route sur Andrinople par Kirk Kilissia ;

Le fort de **Kilia**, destiné à protéger les ouvrages du Bosphore contre un débarquement qui les prendrait à revers.

A peu de distance plus à l'est, on double la pointe de Roumili Fener ou Fanaraki (le fanal d'Europe) et l'on arrive à l'entrée du Bosphore.

Mers d'Égypte et de Syrie. — Les côtes qui enveloppent la portion sud-est du bassin oriental de la Méditerranée dominent un vaste golfe quadrangulaire, largement ouvert à l'ouest, entre l'île de Crète et le pays de Barca.

Au nord sont les côtes de Cilicie ; au sud, l'Égypte ; à l'est, la Syrie ; au fond du golfe, comme une vedette surveillant la terre ferme, la grande île de Chypre. Cette vedette est aux mains de l'Angleterre[1].

Nous avons déjà longuement insisté sur l'impor-

[1] La description de détail de ces côtes se trouve plus haut dans les chapitres relatifs à la Syrie et à l'Égypte.

tance relative ou conjuguée d'Alexandrette sur la côte d'Asie, de Larnaka dans l'ile de Chypre, et de Port-Saïd.

Actuellement, les Anglais sont, de fait, sinon de droit, également maîtres à Port-Saïd et à Alexandrie. Ils ont donc une situation maritime militaire tout exceptionnelle dans ces mers qu'il leur importe tant de dominer pour conserver la liberté des communications avec l'Inde et c'est à ce point de vue surtout qu'il y a lieu de considérer les conditions stratégiques de cette portion du bassin méditerranéen.

Mais les autres puissances maritimes ont également de grands intérêts dans l'Extrême-Orient, et la France, tout particulièrement, se trouvant militairement engagée dans l'Indo-Chine, ne saurait admettre que les mouvements de ses vaisseaux pussent être entravés. Quant à la Russie, dès qu'elle aura réussi à obtenir la libre navigation des détroits de la mer de Marmara, elle réclamera, avec non moins d'énergie, le libre usage du canal de Suez pour communiquer avec ses possessions de l'océan Pacifique.

De nouvelles questions d'une grande gravité se poseront donc au point de vue du droit public européen. Déjà, à la conférence de Berlin, en 1885, les puissances se sont mises d'accord pour régler dans des conditions nouvelles de neutralité commerciale, la navigation des fleuves de l'Afrique occidentale et en soustraire le monopole à l'Angleterre. L'Allemagne, dont le commerce transocéanique prend un grand développement, a sérieusement pesé dans ces décisions. En ce qui concerne la neutralité du canal de Suez et l'extension désirable de cette neutralité à l'Égypte et même au

Nil, ses intérêts ne sont pas opposés à ceux de la France.

Il faut observer toutefois que cette neutralité ne saurait être sérieusement garantie ni par l'Égypte, ni par la Turquie, et que, pour faire face aux dangers des insurrections religieuses du Soudan, il faut un noyau solide de troupes européennes et des troupes indigènes fortement commandées. Aussi voit-on poindre, à ce sujet, et d'une manière assez inattendue, des exigences nouvelles de bonne entente et de solidarité entre les États européens et, un jour peut-être, le rêve lointain de la constitution des États-Unis d'Europe pourra-t-il se réaliser, non certes comme la conséquence d'une grande affection fraternelle, mais comme une nécessité résultant de la communauté de leurs intérêts.

Quant à présent, l'ère des guerres européennes n'étant pas close, il s'agirait de créer pour le canal de Suez une neutralité d'une forme particulière, qui s'étendrait à une zone à déterminer dans les mers voisines, qui garantirait contre l'obstruction du passage, et qui laisserait le libre parcours même aux navires belligérants, de même qu'actuellement des navires ennemis peuvent se rencontrer dans un port neutre et qu'il leur est interdit de se combattre à moins d'en d'en sortir et de s'en éloigner à une certaine distance.

VIII·

TUNISIE

Politiquement placée sous le protectorat français, la Tunisie est aussi, au point de vue géographique, une dépendance du territoire français de l'Algérie. Ce n'est que provisoirement que l'esquisse ci-dessous est encore comprise dans ce volume de la *Géographie militaire*. Elle est destinée à prendre place plus tard dans le volume de l'**Algérie**.

La Tunisie, considérée dans la partie comprise entre la frontière algérienne et les chotts du sud, forme une grande péninsule dont l'**arête centrale** est marquée par un soulèvement orienté du sud-ouest au nord-est, et qui se termine par la petite presqu'île du cap Bon.

De là deux régions : le versant nord-ouest ou de la Méditerranée occidentale, le versant sud-est ou de la Méditerranée orientale.

C'est cette situation avantageuse au centre du bassin méditerranéen qui fait de la Tunisie, comme de la Sicile, une position fort importante au point de vue de la stratégie maritime.

Le versant nord-ouest est, en général, un pays riche, propre à la culture des céréales, habité par des populations sédentaires vivant d'ordinaire dans des maisons en pierre[1], populations tranquilles et faciles à gouverner.

Le versant sud-est, à l'exception des sahel de Sousse et de Sfax, est inculte ; c'est le pays des nomades.

La Tunisie termine à l'est la région que nous avons appelée l'*Afrique mineure*.

On doit y retrouver par conséquent, du nord au sud, les grandes divisions naturelles qui caractérisent l'Algérie, mais, d'autre part, le terrain va s'affaissant de l'ouest à l'est, par terrasses successives, et la côte, depuis Bizerte jusqu'à Gabès, doit présenter, en quelque sorte, la tranche de ces grandes régions, le Tell, les Hauts-Plateaux, le Sahara, dont les différences climatologiques sont d'ailleurs atténuées et presque fondues par l'influence maritime.

Si l'on conserve les divisions que nous venons de rappeler, le Tell tunisien n'est donc, à proprement parler, que la région qui sépare le bassin de la Medjerda de la côte septentrionale.

Le bassin de la Medjerda et celui de son affluent le Mellègue continuent visiblement la région des sbach de la province de Constantine, c'est-à-dire les Hauts-Plateaux algériens.

Les montagnes de la chaîne centrale jusqu'au Zaghouan et à la presqu'île du cap Bon jalonnent le prolongement des murailles de l'Aurès.

Le cours inférieur de la Medjerda, le cours de l'oued Mellègue, dans la région du Kef, celui de l'oued Miliana qui

---

[1] On appelle *henchir* ces maisons d'ouvriers agricoles, le plus souvent basses et obscures dans lesquelles vivent pêle-mêle, hommes, femmes, enfants, et bestiaux.

tombe dans le golfe de Tunis et celui de l'oued Zeroud, la principale rivière du réseau de Kairouan, affectent un parallélisme très caractéristique. Les sillons dans lesquels coulent ces rivières indiquent la direction des plissements des montagnes.

Il est important de remarquer que la direction de soulèvement de ces montagnes n'est pas celle des Alpes principales, dominante ordinaire du nord de l'Afrique. Leur alignement est incliné d'environ 45 degrés sur le méridien de Paris.

Le soulèvement central, qui forme la dorsale de la Tunisie, est constitué par les monts des Frechiche (dj. Chambi, 1546^m, point culminant de la Tunisie), les monts des Oulad-Madjer (dj. Berberou, 1480^m); les monts des Zlass (dj. Bargou, 1280^m), le djebel Zaghouan (1340^m).

Il se termine par le cap **Bon**.

La chaîne centrale présente trois dépressions principales : celle de **Goroumbalia**, route de Tunis à Hammamet, où doit passer le chemin de fer de Tunis à Sousse; celle de l'oued **Rouhia** (route directe du Kef à Kairouan) ; et celle de l'oued **el Hathob** (route de Tebessa à Kairouan).

Il y a d'ailleurs beaucoup d'autres passages praticables aux cavaliers.

Entre le passage de Goroumbalia et celui de l'oued Rouhia, les montagnes sont très âpres et forment plusieurs massifs aux escarpes gigantesques. Les deux principaux sont ceux de Zaghouan et des Hamada.

Les chemins de Tunis à Sousse et à Hammamet traversent les montagnes de **Zaghouan** dans des gorges difficiles:

Sur le versant nord, la petite ville de Zaghouan (3,000 hab.), dans une belle position, est la clef des passages. A quelque distance se trouvait la tête du superbe aqueduc, long de plus de 100 kilomètres, qui amenait les eaux à Carthage.

Le sommet du Zaghouan (1340^m) s'aperçoit à de grandes

distances ; il a été choisi pour l'emplacement d'une station de télégraphie optique qui est en relations directes avec Tunis, Sousse, et Kairouan.

Le massif des **Hamada** (monts des Zlass) est, en quelque sorte, le centre hydrographique et le centre de figure de la Tunisie. C'est un massif confus d'une trentaine de kilomètres de largeur, formé de hauts plateaux d'une élévation moyenne de 800 à 1000 mètres, parfois pierreux, mais le plus souvent recouverts d'une épaisse couche de terre arable. Il est habité par des montagnards vivant dans des maisons, mais ayant, dans le sud, des terres de parcours où ils envoient, pendant la mauvaise saison, leurs troupeaux qui ne pourraient supporter le climat rigoureux des Hamada. Les habitants sont de mœurs rudes, mais comme ils sont riches et attachés à leurs terres, il est assez facile de les gouverner. Un grand nombre de tribus nomades ont également, dans le nord, des terres de labour, et cet enchevêtrement de tribus et de territoires est une des difficultés de l'administration de la Tunisie.

Les passages dans le massif des Hamada sont :

la voie romaine du Kef à Sousse, par le djebel Bargou, taillée dans le roc. Elle est, dans son état actuel, à peine praticable aux mulets ;

la voie romaine du Kef à Kairouan, qui se sépare de la précédente dans les environs de Kasr el Hadid sur l'oued Siliana, où vient aboutir également la route de Teboursouk ;

la voie romaine du Kef à Kairouan et à el Djem [1] par Makter (Oppidum Mactaritanum), Ellez, et Kessera.

Toutes ces routes sont jalonnées par des ruines romaines.

Le seuil d'er Rouhia (Bahira [2] er Rouhia) est très bas et très large (600 à 700^m). Il donne passage à la route du Kef à Kairouan et du Kef aux grandes ruines de Sbeitla (Sufetula).

---

[1] Il se trouve à el Djem (Thysdras) de grandes ruines et un amphithéâtre romain.

[2] On donne le nom de Bahira à des vallées creuses ou à des fonds de bassins lacustres.

A juger par l'étendue et la beauté de ces ruines, il devait se trouver à cet endroit une ville considérable.

Parallèlement à la direction du soulèvement de la crête centrale, se trouvent des avant-chaines d'altitudes plus faibles et de moindre étendue. La grande voie romaine de Carthage à Cirta (Constantine) par Medjez el Bab (Membressa?), Testour (Bisica Lucana), Teboursouk (Thugga), Bordj Messaoudi, le Kef (Sicca Veneria), Bordj sidi Youssef, Souk-Arras, en longe les versants ; elle est entièrement carrossable.

Dans les sillons longitudinaux tracés par le lit de la Medjerda, de l'oued Mellègue, de l'oued Miliana, de l'oued Zeroud viennent déboucher les ravins perpendiculaires par lesquels s'écoulent les eaux des montagnes ; le caractère général de toutes ces vallées est une alternance de bassins lacustres séparés par des gorges étroites.

Les bassins sont les plaines cultivées et ordinairement très fertiles ; les gorges ouvrent les passages pour les routes qui les unissent et pour les eaux qui descendent d'étage en étage.

Versant nord-ouest.

Tell. — Sous cette dénomination, nous désignons l'ensemble de la région comprise entre les côtes septentrionales et la vallée de Medjerda. Il se subdivise en Kroumirie à l'ouest et Mogod à l'est.

Kroumirie. — A l'ouest, entre la frontière de la province de Constantine et l'oued Zaïne (flumen Tusca), se trouve un massif très confus et très boisé, véritable Kabylie tunisienne, d'une altitude de 800 à 1000 mètres. Ce sont les montagnes des Kroumirs (Tusca des Romains), dans lesquelles vivent des tribus de race berbère, misérables et très sauvages, souvent en révolte, et sur lesquelles le bey de Tunis n'avait jamais exercé une réelle autorité. Elles sont nomades, campent avec leurs troupeaux ou habitent dans les rochers de leurs impénétrables forêts. N'ayant point de villages, elles étaient insaisissables et ne payaient tribut que d'une façon fort irrégulière. Ces populations, dont on avait grossi l'importance, comptent seulement quelques miliers d'hommes ; elles vivaient du produit de leurs forêts, de l'exploitation du liège, qu'elles apportaient au marché de la Calle, et, le cas échéant, du pillage des navires que la tempête jetait sur leurs côtes [1].

---

[1] Le 24 janvier 1878, le navire français l'*Auvergne*, échoué près de Tabarka, est pillé, son équipage maltraité et complètement dépouillé. Les ouvriers des mines françaises d'Oum Teboul ont été fréquemment attaqués, maltraités, et tués par les Kroumirs, qui dévastaient les travaux des mines et en rendaient l'exploitation à la fois périlleuse et stérile. Depuis l'occupation militaire française, la sécurité est complète dans ce pays.

Le terrain dont le soulèvement forme ces montagnes est constitué, soit par des granits, soit par des assises successives de grès et de marnes. Il en résulte que les érosions dues aux agents extérieurs escarpent les couches brisées et rendent l'accès des sommets excessivement difficile. C'est un chaos de crêtes désordonnées qui s'élèvent à 600 ou 800 mètres.

On y a signalé quelques cônes volcaniques dont un donnait de la fumée en 1878 (Pelissier de Reynaud).

Les eaux sont abondantes ; elles coulent dans des failles profondes, d'où elles s'échappent par des coupures perpendiculaires. Ces ravins forment des sillons qui déchirent les montagnes et les pénètrent. Ce sont donc des routes naturelles qui permettent d'entrer dans le pays.

L'île de Tabarka est située en face de l'embouchure de l'oued el Kebir, dans lequel viennent se réunir la plupart des ruisseaux du versant nord ; c'est là que se trouve le nœud des communications de ce versant, et la principale porte d'entrée de ce pays.

Dans toutes les autres directions, on ne pénètre que par des cluses faciles à barrer[1].

Dans l'expédition de 1881, les colonnes françaises n'ont rencontré que des résistances insignifiantes, mais elles ont eu de grandes difficultés de marche.

Au milieu de ces montagnes et près de la frontière algérienne, la **Kobba d'Abdallah ben Djemel**, dont les Kroumirs se prétendent les descendants, est un lieu

---

[1] Il y a quelques années, un des chefs du pays laissa entrer, par une de ces coupures, la colonne de troupes tunisiennes chargée de percevoir l'impôt, puis lui ferma la retraite, la fit prisonnière, et ne la laissa partir que moyennant rançon.

de pèlerinage très visité et naturellement un nœud de sentiers. L'on croyait qu'il serait le centre d'une résistance qui ne s'est point manifestée par crainte, sans doute, des effectifs considérables de troupes françaises.

Il existe dans ces montagnes des mines de cuivre et de plomb argentifère, quelques-unes exploitées, comme celle d'Oum Teboul sur la frontière, et d'autres dont on pourrait sans doute assez facilement reprendre l'exploitation, mais les richesses forestières, convenablement aménagées, deviendraient une source plus importante de revenu [1]. C'est la seule partie boisée de la Tunisie. Partout ailleurs, on ne trouve que des forêts de broussailles ou de pins rabougris impropres à la construction.

Il n'y a en Kroumirie aucun centre fixe de population ; les noms portés sur les cartes indiquent seulement des emplacements de marchés.

Le centre du commandement militaire a été établi à **Aïn Draham**, au nœud hydrographique de la Kroumirie. Des chemins en divergent dans toutes les directions ; le poste a été relié par des routes avec Tabarka (30 kilom.), avec la Calle (40 kilom.) par Oum Teboul et el Aïoun, et avec le chemin de fer de la Medjerda ; station de Souk el Arba (42 kilom.)

Au sud des montagnes des Kroumirs, le pays, toujours très tourmenté, est habité par les tribus des Beni Mzém et des Ouchtetas, dont le territoire, qui comprend la haute vallée de la Medjerda, est traversé par

---

[1] En 1872, le port de la Calle exportait 20,000 quintaux de tanin, 12,000 quintaux de charbon, 6,000 traverses, etc., venant de la Kroumirie.

les routes qui conduisent de Tunis à Constantine et par la voie ferrée de récente construction.

La ville de **Béja** (Vacca des Romains), 4,000 habitants, occupe une importante position au sud-est de la Kroumirie. C'est un marché très fréquenté et, en quelque sorte, la clef militaire du nord-ouest. Ce fut le centre principal de résistance de Jugurtha dans ses guerres contre les Romains.

Mogod. — On donne le nom de Mogod au pays qui sépare la Kroumirie de Bizerte. C'est un ensemble de hauteurs et de plaines, anciens bassins lacustres, quelques-uns assez fertiles, d'autres incomplètement desséchés. Les tribus qui les habitent étaient assez turbulentes. Leur principal marché d'échange est la ville de **Mateur,** où se fait un grand trafic de céréales, de bestiaux et de laines.

Mateur et Béja sont les plus grands centres de la production agricole du nord de la Tunisie.

Le nœud orographique principal de cette région paraît être le djebel **Msid** qui se trouve à la tête de l'oued Béja et envoie des eaux dans toutes les directions.

Littoral. — A peu de distance du cap Roux, se trouvent le cap de Tabarka et l'île du même nom, rocher stérile, couronné de vieilles fortifications, rattaché à la terre par une langue sablonneuse, et près duquel se creuse une petite baie que défendait le bordj Djedid [1].

---

[1] L'île de Tabarka, sur laquelle les Phéniciens avaient déjà un comptoir dans l'antiquité, a appartenu, pendant plusieurs sièles, à la famille génoise des Lomellini, qui y avait une colonie de 1800 personnes. Elle fut occupée par trahison par les troupes du bey de Tunis en 1738. Les habitants furent transportés à Tunis, où leurs descendants forment encore un groupe distinct, sous le protectorat italien.

Au nord du cap Nègre (où la Compagnie d'Afrique a eu, dès 1604, un comptoir d'échange) et du cap Serrat, se trouve, à une dizaine de lieues en mer, l'**île de Galite**, qui a souvent servi de refuge aux pirates et de rendez-vous aux contrebandiers italiens qui apportaient des armes et des munitions.

Toute cette côte est dépourvue d'abris.

A l'est du **Ras el Biod** (cap Blanc) s'ouvre la baie de Bizerte, dont l'accès est éclairé par le phare de l'**île du Chien**.

Bizerte (l'ancienne Hippo-Zarytus), 5,000 habitants, avec une assez bonne rade, est à l'entrée du lac du même nom (13 kil. sur 7), lac sans profondeur, mais que l'on pourrait, par quelques travaux, transformer en un très bon port.

Le **Ras Sidi Ali el Mekki** (ancien promontoire d'Apollon), en face de l'**île Plane**, marque l'extrémité des chaînes nord méditerranéennes de la Tunisie. C'est entre ce promontoire et le **Ras Addar** (cap Bon, ancien promontoire de Mercure), que se creuse le golfe de Tunis (l'ancien golfe de Carthage).

La baie de Tunis, proprement dite, est comprise entre le **Cap Carthage** et le **Ras el Fortas**.

Au pied du Ras el Mekki est le petit port Porto-Farina (Rhar el Mellah), 800 habitants, dans un territoire très fertile, et, à quelque distance, l'embouchure de la Medjerda.

Tunis occupe les bords d'un lac sans profondeur, — el Bahira, — qui communique avec la mer par un étroit goulet de 25 mètres, d'où le port de la Goulette a pris son nom. A l'époque de Carthage, ce lac était navigable, et l'on avait creusé un canal pour le passage des vaisseaux. C'était là que s'abritaient les nombreux navires de la flotte carthaginoise.

Tunis est une ville importante de 100 à 120,000 habitants, dont 25,000 israélites et 15,000 européens, d'un cachet mi-oriental, mi-européen, et, de tout temps, place de commerce très active. Ses environs sont couverts de villages et de maisons de plaisance.

A 2 kilomètres environ, se trouve le Bardo, palais du Bey, sorte de château fort avec une caserne. La résidence ordinaire du bey est au château voisin de Kassar Saïd. A l'ouest de la ville s'étend la grande sebkha es Sedjoumi.

Les ruines de Carthage sont à 16 kilomètres au nord de Tunis. Elles couvrent un grand plateau appelé plateau de saint Louis, parce que c'est là que mourut saint Louis. La France y a fait élever une chapelle.

Dans le fond du golfe, à quelque distance de la côte, Hammam-lif, établissement d'eaux thermales, relié à Tunis par un chemin de fer.

Tout le commerce de la régence s'est concentré à Tunis. Kairouan, le Kef, qui étaient autrefois de grandes villes, sont pauvres, ruinées, et sans aucune activité. Cette centralisation excessive s'explique par la centralisation administrative. Tous les grands caïds des tribus avaient pris l'habitude de vivre à Tunis, au milieu d'un grand luxe et se faisaient représenter par des khalifas chargés de percevoir l'impôt pous eux. Les terres les plus riches du nord de la Tunisie appartiennent presque toutes au bey et aux grands personnages de Tunis.

Cours d'eau. — **La Medjerda** (Bagrada des Romains) est la plus grande rivière de la Tunisie.

Sa vallée est la partie la mieux cultivée et la plus fertile ; c'est, en outre, le chemin naturel et le plus court pour les communications avec l'Algérie.

La Medjerda descend des plateaux de la province de Constantine et passe près de Souk-Arras, qui est le dernier poste de la frontière algérienne. Sa vallée supérieure est comprise dans des montagnes très difficiles. Elle commence à se déga-

.ger en Tunisie près de Ghardimaou (à 16 kilom. de la frontière), et présente ensuite une alternance de bassins évasés et de gorges étroites.

Depuis Ghardimaou jusqu'à la station de Béja, la Medjerda traverse la grande plaine de la Dakla, immense bassin lacustre desséché. De la station de Béja à Medjez el Bab, elle traverse les gorges difficiles de l'oued Zargua ; elle entre ensuite dans un second bassin lacustre, celui de Tebourba.

Lé principal affluent de la Medjerda est l'oued **Mellègue**, qui descend du djebel Cherchar en Algérie, et reçoit lui-même l'oued **Sarrath**, canal collecteur d'un grand cirque des montagnes des Ouled Madjer.

Le Kef (Sicca Veneria), 7,000 habitants, situé dans le bassin de l'oued Mellègue, autrefois ville importante, est le centre religieux de l'ouest de la Tunisie.

L'oued **Tessa** se jette dans la Medjerda à quelques kilomètres en aval de l'oued Mellègue. Sa vallée supérieure s'élargit pour former la belle plaine, Bahira es Sers (12 kilomètres en tous sens), avec de magnifiques pâturages, résidence habituelle de la smalah du caïd des Drid. Cette grande tribu, en partie nomade, en partie sédentaire, se transporte dans ses migrations depuis la Medjerda jusqu'au Djerid.

A partir de son confluent avec l'oued Mellègue, la Medjerda coule dans un pays de plus en plus fertile et bien cultivé en céréales. Sa vallée est suivie par le chemin de fer de Tunis.

La station de Béja, qui est à 15 kilomètres environ de la ville du même nom, dessert aussi les centres importants de Teboursouk et de Testour.

Teboursouk (Thugga), ville délabrée, mais avec de grandes citernes, bâtie sur le flanc d'un énorme rocher, est une position importante, à 27 kilomètres de la Medjerda, près des sources de l'oued **Kralled**, à 2 kilomètres à l'ouest de la route de Tunis au Kef (voie romaine de Carthage à Cirta), au nœud de plusieurs chemins qui conduisent à la Medjerda.

L'oued **Siliana** descend du djebel Berberou.

Ses vallées supérieures sont en relation avec la Bahira er Rouhia, avec la Bahira es Sers. Plusieurs voies romaines venaient s'y réunir dans les montagnes à Makter (Oppidum Mactaritanum), où se trouvent de grandes ruines. C'était là, en effet, le centre de l'occupation militaire de la région montagneuse. Cette position a conservé toute son importance, à cause des communications dont elle est le nœud et du voisinage des plaines cultivées d'où les tribus tirent leurs ressources.

Entre l'oued Béja et l'oued Zargua, la Medjerda est encaissée entre des falaises escarpées très pittoresques ; elle a 35 mètres de large, et la construction du chemin de fer a nécessité de grands travaux d'art.

En aval du confluent de l'oued Siliana, Testour est une petite ville bien bâtie, mais pauvre, habitée par des descendants des Maures d'Espagne, entourée de jardins, et dans une bonne position pour surveiller le centre de la Tunisie.

Suivant le cours de la Medjerda, Medjez el Bab, bourg délabré de 1500 habitants, localité intéressante, au milieu d'une plaine bien cultivée, grande station de chemin de fer, nœud de routes dans toutes les directions, pont sur la Medjerda.

Tebourba, ville arabe de 2,000 habitants, nœud des routes de Mateur à Tunis ; grandes plantations d'oliviers, pont en pierre.

Djedeida, joli village, une quinzaine de villas, fabrique, pont en pierre. La rivière a de 60 à 80 mètres ; point de passage de la route de Mateur à Tunis.

A partir de Djedeida commence la grande plaine qui s'étend jusqu'à Tunis et jusqu'à la mer, et que domine, comme un immense belvédère, la cime isolée du djebel Ahmar (333 mèt.), entre la Medjerda et Tunis.

La route de Bizerte à Tunis franchit la rivière au Fondouk (caravansérail). Plus en aval (r. g.) se trouve l'emplacement de l'ancienne Utique.

La Medjerda se jette dans le golfe de Porto-Farina.

L'oued **Miliana**, qui se rend directement à la mer, longe le versant nord de la chaîne centrale ; il traverse d'abord un premier bassin lacustre, la plaine du **Fahs** où subsiste encore la sebkha Koursia ; sa vallée se rétrécit ensuite au pied du Zaghouan, pour s'élargir de nouveau dans la plaine de Tunis, où la rivière passe près de Mohamedia, localité ruinée, ancien grand palais construit par le bey Ahmed.

Versant sud-est.

Le sud de la Tunisie comprend trois régions que différencie très bien la nature du sol et de ses produits, sans qu'il soit possible d'en donner une délimitation géographique précise : le *littoral*, les *terres de parcours*, la *région saharienne* ou région des chotts et des oasis.

Littoral. — D'Hammamet à Sfax, toute la région du littoral, sur une profondeur de 10 à 15 kilomètres, est plantée d'oliviers qui lui donnent un aspect des plus riants. Les villes y sont nombreuses et entourées d'immenses jardins bien cultivés ; c'est la région du **Sahel**, dont les habitants vivent soit dans les villes, soit dans de gros villages généralement organisés pour se défendre contre les bandes pillardes de l'intérieur. « Le Sahel n'est qu'une grande forêt d'oliviers renfermant plus de cent bourgs ou villages. »

Au delà des oliviers, s'étend une grande bande de terres cultivables que l'on peut limiter à la ligne des sbakh ; le célèbre domaine de l'Enfida est compris dans cette zone. Elle est cultivée par les habitants du

Sahel, qui n'y viennent qu'à l'époque des labours et de la récolte, et par quelques tribus nomades.

En suivant du nord au sud la côte orientale à partir du cap Bon se trouvent, au sud de Ras el Mela : le village de Kelibia, près duquel est un assez bon mouillage ; Nabeul, petite ville d'industrie, fort ancienne ; Hammamet ;.

Sousse (l'ancienne Hadrumète, capitale de la Bizacène des Romains), 8,000 habitants, centre du Sahel, place de commerce de quelque importance, point de depart de la route de Kairouan (45 kilom. environ) ;

Monastir, à 20 kilomètres au sud, 6,000 habitants, avec un mouillage passable ; Mahedia ;

Sfax, 20,000 habitants, est la deuxième ville de Tunisie. Elle a dû être prise de vive force, après une résistance sérieuse. Elle avait 25,000 habitants. Sa banlieue, formée de 10,000 jardins, est particulièrement riche. L'agglomération sfaxienne comprend 40,000 à 50,000 habitants formant une sorte de république riche, orgueilleuse, ennemie des Arabes nomades qui l'entourent, mais très fanatique néanmoins.

Les deux îles **Kerkena** (chergui ou de l'ouest, gharbi ou de l'est), en face de Sfax, à 8 lieues des côtes, servent de lieu de déportation. Elles sont assez bien cultivées.

La côte, toujours basse, s'arrondit, à partir de Maharès, dans un large golfe au fond duquel se trouve **Gabès**, 7,000 habitants, réunion de plusieurs oasis fort belles et tête maritime des routes du sud de la Tunisie. Les plus considérables de ces localités sont Djara et Menzel ; la rivière qui arrose ces oasis a pour la beauté et le peu de longueur de son cours quelque analogie avec le Loiret. Elle est vraisemblablement alimentée par les eaux souterraines des chotts.

Malheureusement, Gabès est dépourvu de port naturel. Les gros bâtiments doivent prendre leurs mouillages à distance de la côte.

Le golfe est formé par l'île de **Djerba**, ancienne île des Lotophages, séparée de la côte par un étroit bras de mer. L'île est fort bien cultivée ; il s'y fait un très grand commerce d'huile ; quelques bordjs en protègent les mouillages. Elle est habitée par 40,000 habitants environ de race mzabite, honnêtes et laborieux, dont les centres principaux sont Houmt Souk, près du mouillage du bordj el Kébir, qui est le meilleur de l'île, Houmt Cedrien, et Houmt Cedouikek.

Les Espagnols, pendant le XVIe siècle, ont tenu un certain temps les points importants des côtes tunisiennes et l'île de Djerba.

Plus au sud, le petit port de Zarzis est la tête du câble sous-marin.

En divers points de la côte, à Sfax, aux îles Kerkena et à l'île de Djerba, on pêche des éponges ; le produit en est assez considérable pour que la pêche soit affermée 150,000 francs.

Bahirt el Biban (ou lac des Portes, l'ancien lac d'Hécatompyle), est ainsi nommé à cause des nombreux canaux qui le font communiquer avec la mer. Un petit fort tunisien est sur la langue de terre qui borde le lac.

La frontière de mer entre la Tripolitaine et la Tunisie a été fixée, par convention d'octobre 1886, au Ras Tadjer, près de l'oasis de Zouara, à 20 kilomètres du cap Biban.

A l'ouest de Sousse et de Monastir sont de vastes bassins parfois desséchés, parfois comblés par les eaux : la sebkha Kelbia et la sebkha el Hani ou de Kairouan. C'est là que viennent se perdre les rivières à cours intermittents ou à cours souterrains, dans lesquelles se rassemblent les eaux du versant méridional de la grande chaîne.

Terres de parcours. — Depuis le Zaghouan jusqu'à Gabès s'étend ainsi une longue ligne de terres basses, marécageuses, impraticables pendant la saison pluvieuse, au milieu desquelles est Kairouan ; puis, au delà, sont les vastes terrains de parcours, plaines stériles et désolées, accidentées par d'énormes buttes montagneuses qui semblent n'avoir aucune relation les unes avec les autres, mais dans la direction desquelles on peut retrouver l'orientation générale de la grande chaîne. Après les pluies, ces plaines se recouvrent d'herbages rapidement desséchés ; les sources y sont rares, l'eau est souvent saumâtre, et les rivières ont de larges lits ordinairement à sec, mais, parfois aussi, soudainement remplis par des crues d'une grande violence.

Tout ce terrain est déboisé ; on n'y trouve de traces de cultures ou de végétation que dans quelques bas fonds où les nomades viennent planter leurs tentes.

Cependant ce pays a dû être riche et peuplé ; la grande route de Kairouan à Gafsa est jalonnée par de nombreuses ruines romaines et par des débris d'aqueducs. A en juger par leur étendue, de grandes villes ont dû exister à Hadjeb el Aïoun, Djilma (Oppidum Gilmense), Sbeitla (Sufetula)[1], etc.

L'oued el **Hathob**, qui prend successivement les noms d'oued el Fekka et d'oued Zeroud, marque la ligne la plus creuse sur le versant méridional de la grande chaîne ; il commence dans le massif de Tebessa, où se trouve aussi la tête des eaux qui alimentent les oasis de Gafsa.

Il reçoit sur sa rive gauche plusieurs affluents fort intéressants parce que ce sont eux qui jalonnent les routes à travers

---

[1] Cependant à l'époque romaine, le manque d'eau et de bois était déjà signalé par Salluste ; Marius allant assiéger Gafsa dut marcher trois jours sans trouver d'eau. Il est probable que l'on devait aménager dans des citernes ou retenir par des barrages les eaux de la saison pluvieuse qui est très courte (décembre et janvier), mais très abondante.

la grande chaîne. Les plus importants sont l'oued Sbeitla et l'oued er Rouhia.

La ville importante de cette région est **Kairouan** (15,000 hab.), fondée par Sidi-Okhba en 671 (alt. 75^m), qui a eu ses jours de splendeur, alors qu'elle était le siège du premier khalifa arabe. Maintenant ce n'est qu'une triste ville, au milieu de plaines incultes et inhabitées, mais c'est toujours un foyer actif de propagande religieuse. Avant l'occupation française, aucun juif ni chrétien n'avait droit de s'y installer.

Région saharienne. — Au sud du bassin de Kairouan commence la **région saharienne**, que traverse de l'ouest à l'est les chaînons qui bordent la dépression des grands chotts [1].

La partie au nord des chotts se subdivise en deux versants : le Djerid à l'ouest, l'Arad à l'est, ce dernier faisant suite au Sahel. Les oasis de Gafsa sont le centre du versant occidental, celles de Gabès celui du versant oriental.

Le Djerid (pays des palmes) n'est à proprement parler que le pays au nord de l'isthme de Kriz qui sépare le chott Djerid et le chott Rharsa et où se trouvent les riches oasis de Touzer ou de Nefta ; mais ce nom est souvent étendu à toute la région des oasis du sud.

Le Djerid a des sources abondantes, une protection de montagnes contre les vents du nord, c'est-à-dire

---

[1] Voir pour les chotts le volume : *Algérie.*

des conditions exceptionnelles de fertilité. Les dattes, les oranges sont d'une qualité exceptionnelle. Il en exporte une grande quantité et produit aussi des légumes et quelques céréales. On compte un million de palmiers sur une superficie de 2,000 hectares autour de Touzer, de Nefta, d'el Hammâ, et d'Oudian.

. 20,000 chameaux y viennent annuellement prendre des chargements de fruits. (Reclus.)

Touzer a environ 350,000 palmiers et une population de 10,000 habitants. C'est la résidence d'un marabout, qui a une grande influence, et aussi un important centre d'études musulmanes.

Nefta et Touzer sont les plus gracieuses îles de l'océan de sable des chotts. Ce sont, dit un voyageur, de véritables paradis terrestres. Il y a plusieurs sources thermales dans toute cette région.

L'oued Sidi Aich, qui descend de la grande chaîne, et passe près des grandes ruines romaines de Feriana (5 kilom. de tour), arrose les beaux jardins de l'oasis de Gafsa. Sa vallée est la grande route ordinaire des caravanes du Djerid.

Gafsa (Cafaz des Phéniciens, fondée par Melkart, l'Hercule libyen ; Capsa des Romains) est au centre d'une fort belle oasis, d'environ 5,000 habitants sédentaires, dont le territoire fournit des fruits de toutes sortes. Les Romains y avaient un poste militaire ; il s'y est établi ensuite un évêché chrétien. C'est le centre naturel de la surveillance du Djerid, et le centre de ravitaillement des nomades. Gafsa est près d'une coupure de cette grande chaîne qui ferme au nord le bassin du chott el Djerid et qu'on ne franchit sans trop de difficultés qu'à Gafsa et le long de la côte. De là, l'importance exceptionnelle de Gafsa au point de vue militaire. C'est le nœud des routes de Kairouan, de Tebessa par Feriana, de l'oasis algérienne de Negrine, de Sfax, de Gabès, et des oasis des rives du chott.

Les **Hammamas**, viennent chaque année, à l'automne, camper aux oasis d'el Guettar, à l'est de Gafsa.

Le pays est inahité entre Gafsa et Kairouan, Gafsa et Gabès, Gafsa et les chotts.

Arad. — Le versant oriental de la région saharienne comprend, outre l'Arad proprement dit, le littoral ou sahel de Sfax, dont il a déjà été parlé.

La principale ligne d'eau de ce versant est l'oued **Rann**, dont la vallée est peu habitée. Plusieurs autres petits oueds, d'un cours restreint, se jettent également dans le golfe de Gabès; l'oued el Akarit et l'oued Melah au nord de Gabès sont les plus notables.

Entre Gabès et les chotts s'étend l'Arad proprement dit. C'est une contrée assez riche, habitée par la grande tribu des Beni Zid.

Les **Beni Zid** sont d'humeur querelleuse et plus puissants que les Hammama. Ils possèdent les oasis d'el Hamma, à l'ouest de Gabès, avec environ 200,000 palmiers.

Leur réduit de défense est dans le plateau de Matmata, forte position, à deux jours de marche de Gabès.

Ils sont rivaux des Oughammas, une des plus puissantes tribus de la Tunisie. Leur centre principal est à Kesseur Medenine, position fortifiée, à trois ou quatre journées de marche, au sud de Gabès.

Région au sud des chotts. — On a été tenté de considérer comme une limite naturelle de la Tunisie la ligne des chotts qui dessine une frontière relativement assez facile à surveiller; mais, contrairement à l'opinion jusqu'ici admise, il est possible de les franchir dans plusieurs directions et de créer des pistes en battant le sol; en outre, et, au sud du Djerid, sont les régions riches du. Nefzaoua et les montagnes des Oughammas qu'il est important de surveiller.

A 25 ou 30 lieues de la côte, se dessine une chaîne orientée du nord au sud, et qui se continue par les montagnes de la Tripolitaine. C'est l'escarpe du plateau saharien. On la désigne sous le nom de montagnes de **Douirat** d'après une des villes principales des Oughammas.

Le long de cette muraille calcaire sont situés uu assez grand nombre de villages, dont les maisons sont creusées dans la roche. Tous portent le nom de ksar, ce qui indique leurs propriétés défensives.

Au delà, vers l'ouest, s'étendent des déserts de sable.

L'extrémité nord-ouest de cette crête montagneuse s'avance dans le chott el Djerid, en formant un long promontoire qui sépare le chott proprement dit, de son prolongement oriental, la sebkha el Fejej. C'est le **Nefzaoua**, archipel d'oasis qui contient une quarantaine de villages, environ 300,000 palmiers et 18,000 habitants. La localité principale est Kebili. *

Ces oasis communiquent avec le Djerid à travers le chott, entre Debabcha (rive méridionale) et Cededa (rive septentrionale), par des pistes que jalonnent de chaque côté des pieux ou des bornes en pierre.

La Tunisie correspond au territoire de l'ancienne république carthaginoise.

Après la destruction de Carthage (146 ans av. J.-C.), les Romains cédèrent à Massinissa, le roi de Numidie, qui avait été leur allié, une partie du pays, le Djerid actuel. Ils l'annexèrent (106 av. J.-C.) après la guerre de Jugurtha et formèrent plus tard les deux provinces appelées *Afrique proprement dite* ou *Zeugitane* et *Byzacène*.

Au commencement de l'ère chrétienne, les côtes devinrent un des séjours favoris de l'aristocratie romaine; elles se couvrirent de palais et de villas dont on voit encore les restes et la ville de Tunes (Tunis) commença à devenir florissante.

Au Ve siècle, les épouvantables ravages des Vandales anéantirent la colonisation romaine en Afrique. En 455, Gensérie part de Carthage pour aller piller Rome. Le christianisme qul s'y était développé, et avait jeté un si vif éclat avec saint Augustin[1], déclina rapidement.

Bélisaire réussit à exterminer les Vandales, mais la domination de l'empire byzantin ne put rendre au pays son ancienne splendeur.

Vers 630, commencèrent les invasions arabes. En 670 l'empire de Kairouan fut fondé par Okbah. Les lettres, les sciences, les arts, la philosophie s'y développèrent brillamment et de nombreux missionnaires commencèrent à aller porter le Coran aux populations du centre de l'Afrique. Pendant 500 ans, cette contrée

---

[1] Originaire de Souk Arras, saint Augustin mourut en 430, pendant le siège d'Hippone (Bone) par les Vandales.

fut un des foyers principaux de la civilisation arabe ; les Maures, expulsés d'Espagne, s'y réfugièrent en grand nombre, et avec eux l'illustre tribu des Abencérages. Ce pays produisit des historiens et des géographes célèbres. Ses caravanes commerçaient avec la Guinée et Timbouctou. Des traités d'amitié étaient conclus avec les États de la Méditerranée et de nombreux chrétiens prenaient même du service auprès des souverains de Tunis, qui entretenaient des troupes de Toscans, d'Allemands, d'Espagnols.

Ces relations changèrent à l'époque des croisades. Saint Louis, qui projetait la conquête et la conversion des Tunisiens, mourut de la peste aux portes mêmes de la ville. Pendant les temps troublés du moyen âge, la Tunisie perdit définitivement les traditions qui avaient fait sa gloire. Ses pirates infestèrent la Méditerranée et provoquèrent des répressions fréquentes de la part des Français et des Espagnols.

Charles-Quint porta ses armes dans le nord de l'Afrique, ruina les entreprises du célèbre Barberousse, imposa sa souveraineté à Tunis, et plaça une garnison à la Goulette (1535).

Cette domination fut de courte durée et les Turcs s'emparèrent définitivement de la Tunisie (1574).

Comme dans toutes les provinces éloignées de l'Empire ottoman, les deys ou chefs de la milice des janissaires, se rendirent peu à peu indépendants de fait et supplantèrent les beys ou gouverneurs turcs.

A part quelques difficultés assez rapidement aplanies, les relations de la Tunisie avec la France s'établirent sur des bases amicales vers la fin du siècle dernier et notre pavillon jouissait à Tunis d'un prestige que n'affaiblirent pas les désastres de la fin de l'empire.

En 1816, le bey Mahmoud abolit l'esclavage des chrétiens ; ses successeurs émancipèrent les israélites.

De 1840 à 1864, des missions militaires françaises concoururent à l'organisation et au commandement des troupes du bey.

Sidi Mohammed (1855-1859), homme d'un esprit élevé, posa, dans un pacte fondamental promulgué en 1857, les bases d'importantes réformes : égalité devant la loi des musulmans et des chrétiens, garantie de la propriété individuelle, obligation de l'impôt, liberté du commerce, faculté accordée aux étrangers d'acquérir et de commercer, etc.

Mohammed es Sadok s'efforça de développer ces mêmes principes, mais l'influence française, qui avait été jusqu'alors prépondérante, eut à lutter contre les rivalités des Anglais et des Italiens, particulièrement au sujet d'entreprises de chemins de fer, de services postaux, etc. Il importait à la France pour conserver son prestige vis-à-vis des musulmans du nord de l'Afrique et pour assurer la sécurité de ses possessions algériennes, de maintenir son ancienne suprématie. La conséquence naturelle de cette situation a été l'occupation militaire de la Tunisie et l'établissement d'un protectorat.

Établissement du protectorat français. — Le point de départ de l'intervention française fut la répression du brigandage des populations de la Kroumirie sur la frontière algérienne, mais le but que se proposait le gouvernement français était l'extension de son influence sur la Tunisie entière et la protection de nombreux intérêts français compromis d'un côté par l'administration défectueuse de la Régence, combattus de l'autre par certaines influences étrangères.

Depuis les malheurs de 1871, c'était la première fois que la France sortait de son recueillement et, lors du congrès de Berlin de 1878, elle s'était assurée qu'elle ne trouverait pas d'opposition de la part de l'Angleterre ni de l'Allemagne. L'Italie seule pouvait montrer quelque jalousie, mais, isolée, son mauvais vouloir devait rester à l'état latent.

Un corps expéditionnaire composé de trois divisions à l'effectif de 23,000 hommes, fut réuni sous le commandement du général Forgemol. Le 22 avril 1881, les troupes se mirent en mouvement: La Kroumirie fut abordée par la frontière algérienne et par Tabarka.

L'effectif relativement considérable des colonnes, l'habileté des dispositions prises, et la prodigieuse rapidité des marches ne permirent pas aux Kroumirs d'opposer de résistance. On avait d'ailleurs exagéré leur nombre et leurs moyens d'action. Leurs montagnes furent pénétrées dans tous les sens et le pays occupé presque sans coup férir.

Une colonne entrait au Kef (2 mai).

La Turquie, revendiquant ses droits de puissance suzeraine, prétendit alors envoyer des troupes et des vaisseaux de guerre, sous prétexte de coopérer au rétablissement de la tranquillité. Ce projet ne fut connu en France que lorsque l'escadre turque était déjà à la hauteur de la Canée (5 mai). La Sublime-Porte fut aussitôt avisée que la France ne tolérerait pas son ingérence et l'ordre fut donné à l'escadre française de s'opposer, même par la force, au passage de la flotte ottomane.

13..

La Turquie dut céder et se borner à envoyer avec quelque ostentation des troupes nombreuses en Tripolitaine, tout en encourageant secrètement l'insurrection des tribus.

Simultanément, une brigade formée à Toulon sous les ordres du général Bréart, était inopinément débarquée à Bizerte et marchait aussitôt sur Tunis.

Le 12 mai, le consul général de France, M. Roustan et le général Bréart, présentaient au palais du Bardo un traité de protectorat auquel le bey dut se soumettre.

L'influence française soutenue par des forces militaires suffisantes pour briser toute résistance, était dès lors imposée à la Tunisie; cependant un grand nombre de tribus de l'intérieur se mirent en état d'insurrection, tandis que les troupes tunisiennes, placées sous le commandement des généraux français contribuaient d'ailleurs à la pacification.

On crut alors possible de donner satisfaction à quelques manifestations de l'opinion publique en France, qui, mal éclairée sur la portée de l'intervention en Tunisie, exagérant certains accidents survenus dans l'état sanitaire des troupes, et influencée fâcheusement par des intérêts d'opposition politique, réclamait le rappel des troupes. Une partie du corps expéditionnaire fut rapatriée.

L'agitation recommença dans la Régence, particulièrement dans le sud, où nos colonnes n'avaient pas pénétré. Il fallut renvoyer des troupes.

Sfax se mettait en révolte ouverte et les Européens étaient obligés de se réfugier à bord des navires en rade. Dans les premiers jours de juillet, l'escadre française bombarda la ville ; le 16 juillet, le débarquement était effectué et l'on se rendait maître de Sfax après un combat acharné de rue en rue, de maison en maison.

Au mois de septembre, trois colonnes furent dirigées sur Kairouan qui passait pour le foyer du fanatisme musulman. Le 26 septembre, elles entrèrent dans la ville sainte sans rencontrer de résistance.

Gabès, Gafsa furent successivement occupés ; les colonnes françaises parcoururent le Djerid, le Nefzaoua, les montagnes des Oughammas, refoulant devant elles les tribus insurgées qui passèrent en Tripolitaine.

Peu à peu celles-ci demandèrent l'aman et rentrèrent sur leurs territoires. Actuellement la pacification est complète et il suffit de quelques garnisons françaises pour maintenir dans l'obéissance et dans l'ordre des populations qui ne présentent pas d'ailleurs le même caractère belliqueux que celles de l'Algérie et de la frontière marocaine.

On a fait justement la remarque que l'intensité de l'énergie guerrière des indigènes du nord de l'Afrique et leur capacité de résistance à l'action européenne allaient en s'affaiblissant d'une manière constante de l'ouest à l'est, du Maroc à l'Égypte.

Les résultats obtenus par le protectorat français depuis le peu de temps où il est exercé sont déjà considérables ; la régularité et la surveillance introduites dans l'exploitation des ressources naturelles du pays et dans la perception des impôts ont transformé la situation du pays, tandis que la protection partout assurée aux étrangers les a attirés en assez grand nombre pour que le prix des terres ait déjà plus que triplé.

La population indigène offre, dans son ensemble, la même composition que celle de l'Algérie, c'est-à-dire un mélange de Berbères et d'Arabes, avec de nombreux israélites et quelques Européens dans les villes de commerce de la côte. Parmi les Européens, les Maltais et les Italiens sont les plus nombreux. Ils sont naturellement attirés dans ce pays par la facilité des communications et par des conditions de climat semblables à celles sous lesquelles ils ont l'habitude de vivre.

La population totale est évaluée à 1,300,009 ou 1,400,000 individus, sur lesquels 39,000 protégés européens qui comprennent 15,000 Français, 12,000 Italiens, 10,600 Anglais, la plupart Maltais.

Les Maltais sont catholiques et habitués à considérer comme leur protecteur naturel plutôt leur évêque que leur consul. C'est une des raisons de plus pour la France de couvrir d'une bienveillante et attentive protection les intérêts catholiques dans la Régence, et d'y maintenir un clergé français.

Les 15,000 protégés français se décomposent en 2,800 Français, 8,000 Algériens musulmans, 4,200 juifs algériens.

Les conditions du protectorat sont réglées par le traité du Bardo (1881) et par le traité de la Marsa (8 juin 1883) qui attribue au résident général, représentant du protectorat, une haute autorité sur tous les services administratifs et une sorte de droit de *veto* à l'égard des mesures qu'il désapprouve. Il représente d'ailleurs officiellement le bey dans toutes les relations extérieures.

Les ministres du bey ne fonctionnent que sous son contrôle et les administrations sous celui de contrôleurs français établis à la Goulette, au Kef, à Nebeul, à Sousse, à Sfax, à Gafsa.

Le pays est divisé en districts ou *outans*, administrés par des caïds ou par des khalifas qui les représentent.

Un tribunal français a été instituée à Tunis (27 mars 1883) et des justices de paix à Tunis, la Goulette, Bizerte, Sousse, Sfax, Le Kef. Les puissances étrangères ont consenti à la suppression de leurs tribunaux consulaires et des privilèges que leur accordaient les capitulations.

Les services financiers ont été réorganisés. La dette publique a été régularisée, convertie en rentes garanties par l'État français et réduite à 142,550,000 francs.

Le budget, qui était établi en 1885 au chiffre de 14 millions de francs (chiffre arrondi), s'est soldé par une plus-value considérable. Il est de 19 millions pour 1886.

Le chiffre des exportations s'est élevé entre 1880 et 1883 de 16 à 20 millions de francs ; celui des importations de 14 à 27 millions.

Le régime de la propriété foncière a été réglé ; des établissements d'instruction ont été créés ; de grands travaux ont été entrepris pour la création d'un port à la Goulette, de routes et de chemins de fer.

La création d'une ligne ferrée qui réunira Gabès à Bone par Gafsa, Tebessa et Constantine, décidée en principe, est destinée à changer singulièrement l'état économique des vastes pays producteurs de dattes, en assurera définitivcment la pacification, et en permettra l'accès aux capitaux européens.

Enfin, et surtout la France doit songer à créer un port en eaux profondes sur les côtes orientales.

L'œuvre accomplie par la France est déjà considérable, et, sans oser promettre que la Tunisie française retrouvera la prospérité de l'ancienne Afrique romaine, on peut dire que la conquête elle-même et l'organisation de la conquête sont des titres d'honneur pour ceux qui les ont conçues et les ont exécutées.

INDEX ALPHABÉTIQUE

TUNISIE.

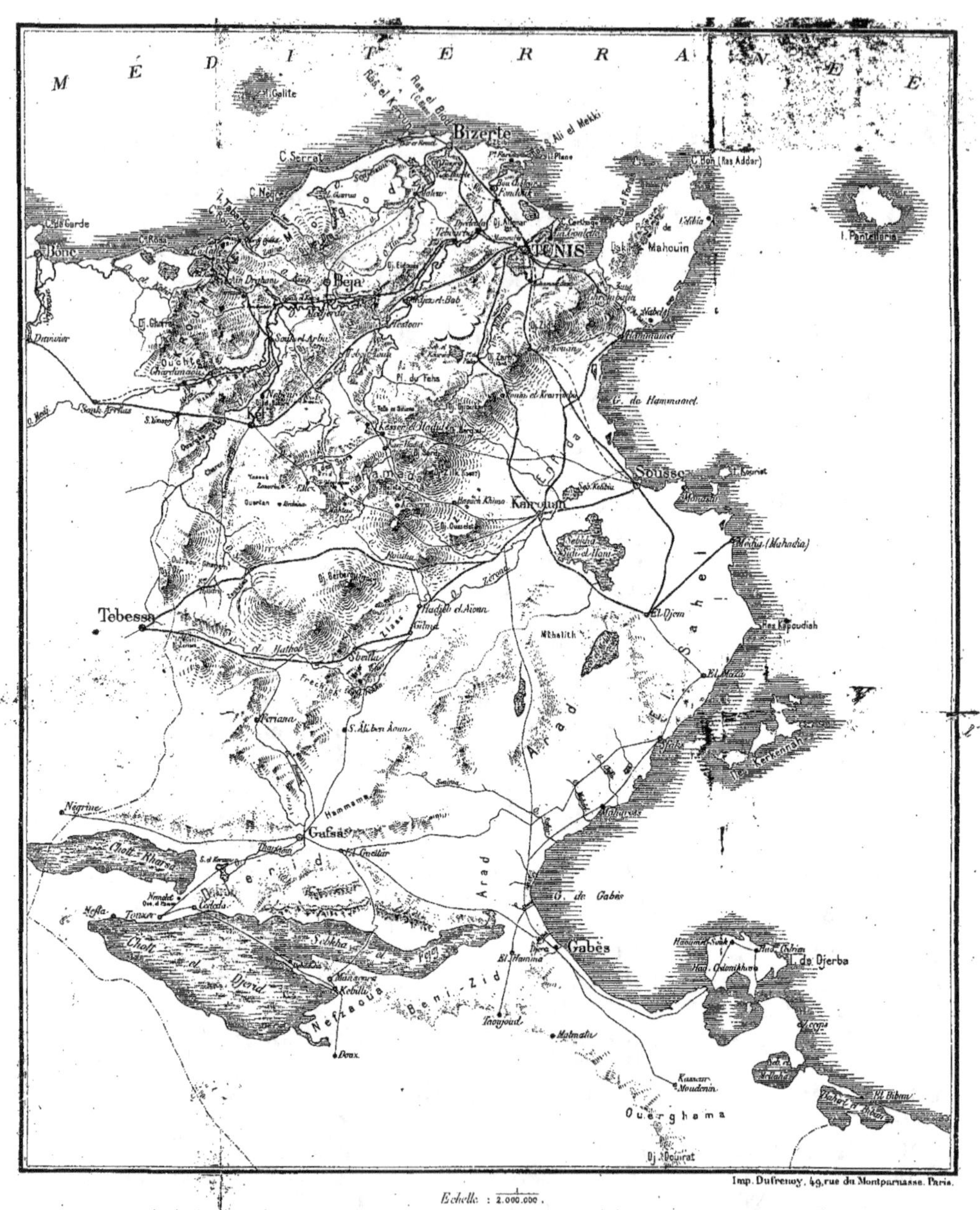
MÉDITERRANÉE
I. Galite
C. Serrat
C. Negro
Bizerte
Ali el Mekki
C. Bon (Ras Addar)
Cap de Garde
C. Rosa
Bône
TUNIS
Mahouin
I. Pantellaria
Béja
Dj. Chara
Hammamet
Kef
G. de Hammamet
Kasserine
Sousse
Kairouan
Tebessa
El Djem
Ras Kapoudiah
Iles Kerkennah
Négrine
Gafsa
Chott Rharsa
Tozeur
Nefta
Chott Djerid
Kebilia
Gabès
El Hamma
I. de Djerba
Douz
Matmata
Ouerghama
Dj. Demirat
Echelle : 2.000.000.
Imp. Dufrenoy, 49, rue du Montparnasse. Paris.

TABLE DES MATIÈRES

LE LEVANT

ET LE

BASSIN DE LA MÉDITERRANÉE

Paris. — Imprimerie L. Baudoin et Cⁱᵉ, 2, rue Christine.